Die Autorinnen

Brigitta de las Heras, geb. 1948, ist Diplomsoziologin und Heilpraktikerin für Psychotherapie. Sie arbeitet seit vielen Jahren als Gestalttherapeutin in eigener Praxis in der Nähe von Frankfurt/Main und als Ausbilderin im Gestalt-Institut Heidelberg. In diesem Umfeld leitet sie Workshops, Rituale, Selbsterfahrungsgruppen und Seminare, außerdem bildet sie Ritualleiterinnen für Jahreskreisfeste aus. Seit einigen Jahren arbeitet sie gemeinsam mit ihrer Tochter Julia in Selbsterfahrungs- und Jahreskreisgruppen.

Julia de las Heras, geb. 1970, ist Diplombiologin und ausgebildete Entspannungstrainerin. Sie bietet seit einigen Jahren Autogenes Training und Progressive Muskelentspannung im Rahmen der Kreisvolkshochschule an. Weiterhin bietet sie Klangschalenmassagen, Meditationen, Entspannungstechniken und Autogenes Training für Kinder und Erwachsene in freier Praxis an.
Sie leitet meditative Übungen und Rituale in Selbsterfahrungsgruppen, bei Jahreskreisfesten und in der Ritualleiterinnenfortbildung.

Brigitta und Julia de las Heras

Ich folge der Stille und finde mich selbst

Einfache Übungen
für den Alltag

Originalausgabe
© 2009 Schirner Verlag, Darmstadt

Alle Rechte der Verbreitung, auch durch Funk, Fernsehen und sonstige Kommunikationsmittel, fotomechanische oder vertonte Wiedergabe sowie des auszugsweisen Nachdrucks vorbehalten

ISBN 978-3-89767-660-2

1. Auflage 2009

Redaktion: Heike Wietelmann
Satz: Michael Zuch
Umschlaggestaltung: Murat Karaçay
unter Verwendung des Bildes Nr. 7108921 von Olga Lyubkina,
www.fotolia.de
Printed by: Reyhani Druck und Verlag, Darmstadt, Germany
www.schirner.com

Inhalt

Vorwort   11
Einführung   15

1. Kapitel –
Wenn die Balance nicht mehr stimmt   23

Orientierung am äußeren und am inneren Geschehen   25
Rückzug und alleine sein – zu sich finden   28
Zeit für sich – Retreat im Alltag   30
Die Reise nach innen – Hier und Jetzt   32
Intensives Erleben – Nahrung für die Seele   37
Die innere Landkarte: Körper – Seele – Geist   40
Die Weisheit des Körpers   41
Die Weisheit der Seele   42
Die Weisheit des Geistes   44
Unterschiedliche Lebensziele   46
Themen für die Rückzugszeiten   47
Atempausen im Alltag   49
Aus der Mitte leben   50
Möglichkeiten des Alleinseins – Rückzug in die Stille   52
Orte für die Rückzugszeit – Orte der Stille   55

2. Kapitel – Mini-Rückzug: einige Sekunden bis maximal 15 Minuten – Erste Hilfe für Gestresste 61

1. Mini-Rituale und meditative Übungen 61
   Was ist jetzt? 64
   Den Atem spüren 66
   Kurz-Check der inneren Ebenen 67
   Sich eine Ruhepause verordnen 69
   Die Natur erleben 71

2. Der Weg über die Gedanken 73
   Den Geist beruhigen 74
   Den Gedanken zuhören 76
   Die Wirkung der Gedanken – ein Experiment 77
   Sich geistig abgrenzen und schützen lernen 80
   Selbstsuggestionen 82
   Unterstützende Suggestionen 83
   Wenn Sie es eilig haben – machen Sie langsam 84

3. Der Weg über die Sinne – die Sinne schärfen 85
   Sehen und die innere Resonanz spüren 88
   Achtsames Sehen 90
   Hören und die innere Resonanz spüren 91
   Achtsames Hören 94
   Ungewohnte Töne ganzheitlich erfahren 95
   Riechen und die innere Resonanz spüren 96
   Achtsames Riechen 97
   Mit Düften entspannen und regenerieren 98
   Ein einfaches Räucherritual 99

Schmecken und die innere Resonanz spüren   100
Achtsames Essen   102
Tasten und spüren –
die Sinnlichkeit der Haut entdecken   103
Achtsam Tasten   104

4. Der Weg über den Körper   105
Den Körper spüren und entspannen   105
Vom Kopf in den Körper   106
Sich erden   107
Sanftes Atmen   109
Entspannung im Sitzen   110
Die Sitzhöcker spüren   110
Kopf, Nacken und Schultern entspannen   111
Entspannung im Liegen   113
Arme entspannen   113
Beine spüren und beleben   114
Entspannung im Stehen   115
Meditatives Gehen   116
Bewusst barfuß gehen   117
Spannungen im ganzen Körper loslassen   118
Sich Raum schaffen   119

5. Der Weg über die Gefühle
– Gefühle spüren und akzeptieren   120
Stimmungen und Gefühle   120
Was fühle ich jetzt?   121
Tagesbilanz der Gefühle   122
Die Bedeutung der Gefühle   123

6. Bewegungsmeditationen   128
   Kurzform der Kundalini-Meditation   129
   Kurzform der Meditation der Himmelsrichtungen   130
   Bewegung zur Trancetanzmusik   132
   Das Element Wasser   133
   Das Element Erde   135
   Das Element Feuer   136
   Das Element Luft   137
   Das Element Äther/Transzendenz   138

3. Kapitel – Midi-Rückzug: täglich 15 bis 60 Minuten für die Reise nach innen   141

Midi-Rituale und meditative Übungen für den Alltag   141
   Die richtige Tageszeit finden   143
   Einen Rückzugsplatz gestalten   144
   Fragen für die Rückzugszeit   147
Anregungen für jeden Tag – bewusst leben   148
   Eine einfache Morgenmeditation   148
   Meditative Mittagspause   150
   Abendmeditation   152
   Einen Kraftplatz finden   154
   Abgrenzen lernen   156
   Neinsagen üben   158
   Die innere Antreiberin erkennen   160
   Ein Beispiel: Ich muss   161
   Aus dem Müssen wird eine Entscheidung   163
   Wohin geht meine Energie?   168
   Die Perspektive ändern   170

Körperteile dürfen sprechen   172
Gefühle malen   174
Gefühle im Körper spüren   176
Die Welt der Töne neu entdecken   178
Musik intensiv erleben   180
Sich zur Musik bewegen   181
Das Sufi *Hou*   181
Body Jazz   183
Den eigenen Tanz finden   184
Das eigene Lied finden   186
In innere Welten eintauchen   188
Bilder anschauen und zu sich kommen   188
Sich überraschen lassen   189
Übungen zur tiefen Entspannung   190
Einstiegsübung in die Entspannung   190
Rückkehrübung ins Hier und Jetzt   192
Fantasiereisen   193
Ort der Ruhe und der Kraft   193
Heilendes Licht und heilende Farben   194
Die weise Beraterin/der weise Berater   196
Innere Schatzkammer   198
Der runde Ahnentisch   200
Autogenes Training   201
Progressive Muskelentspannung   204

4. Kapitel – Maxi-Rückzug:
Zwei Stunden und mehr – sich selbst begegnen   209

Maxi-Rituale und Übungen zum
Ankommen in der Stille und bei sich selbst   209
    Die Zeit und den Ort planen   210
    Sich für ein Thema entscheiden   211
Die Rückzugszeit als Ritual gestalten   215
Durch Bewegung zur Mitte finden   217
    Ein Mandala malen   218
    Meditation der Himmelsrichtungen
    Sich erden und zentrieren   219
    Kundalini-Meditation – In die Mitte finden   222
    Kali-Meditation – Verschüttete Gefühle wiederfinden   224
Woher komme ich? Der Lebensweg   227
Fantasiereise – Lebensweg   228
Wer bin ich? Viele Teile ergeben ein Ganzes   230
    Phantasiereise zum Haus des Lebens   231
    Lebenskreis-Meditation   233
Wohin gehe ich? Eine Zukunftsvision   235
    Eine Collage anfertigen   235
    Kraft in Wandlungszeiten   237
    Spiralenritual   238
    Die Göttin der Liebe erwecken   240
Ein Tagesritual gestalten   243

Anhang
    Quellennachweis   247
    Tarotkartendecks   250
    Räucherkräuter   250
    Musikempfehlungen   251

Vorwort

Viele Menschen wünschen sich heutzutage mehr Ruhe und Zeit für sich selbst, um nach innen zu lauschen und bei sich anzukommen. Doch häufig bleibt es bei dem Wunsch. Dass Sie zu diesem Buch gegriffen haben bedeutet, dass Sie es ernst meinen, dass Sie sich auf den Weg machen, um sich diesen Wunsch zu erfüllen. Wir zeigen Ihnen in diesem Buch viele einfache, im Alltag leicht nachvollziehbare Übungen aus unterschiedlichen therapeutischen, meditativen und spirituellen Traditionen. Sie alle sollen Ihnen dabei helfen, sich kleine Ruheinseln im Alltag zu schaffen, damit Sie sich entspannen, regenerieren und neue Kraft schöpfen können. Unsere Anregungen sind völlig undogmatisch und sollen Sie dabei unterstützen, herauszufinden, was Ihnen ganz persönlich guttut, was Ihre Art ist, zur Ruhe zu kommen, zu meditieren, zu sich selbst zu finden, in Ihre eigene Mitte. Und aus dieser Mitte heraus gelassen und selbstbewusst Ihr Leben zu gestalten.

Seit vielen Jahren begleite ich als Psychotherapeutin und Coach Menschen auf ihrem Weg zu sich selbst und zu einem zufriedenstellenden privaten und beruflichen Leben. Seit einigen Jahren arbeitet meine Tochter mit mir in der Praxis.

Sie hat sich vor allem auf Entspannungstechniken und Meditation spezialisiert, welche die Voraussetzung schaffen für innere Ruhe und die Reise zu sich selbst. Die lange Erfahrung mit sehr unterschiedlichen Menschen zeigt, dass jede Seele ganz individuelle Signale sendet, um gehört und geachtet zu werden. Das geht von körperlichen Erkrankungen bis zum Burnout, von chronischer Unzufriedenheit bis zur Depression, von ständigen Konflikten bis zu Ängsten, die signalisieren, dass etwas nicht stimmt. Wenn wir also an uns selbst oder unserem eigenen inneren Wesen vorbeileben, werden wir unzufrieden oder krank.

Und da wir alle in der Regel weder im Elternhaus noch in der Schule gelernt haben, uns selbst, unsere Gefühle und unsere innere Mitte wahr und ernst zu nehmen, achtsam in der Realität zu leben und angemessen für uns und unsere körperlichen, seelischen und geistigen Bedürfnisse zu sorgen, brauchen wir oft Unterstützung auf diesem Weg. Denn nur wenn wir angemessen für uns sorgen können, nehmen wir auch die Bedürfnisse anderer Menschen und die uns umgebenden Natur wahr und können sie achten und respektieren.

Heute ist es für viele Menschen ein wichtiges Ziel, zur Ruhe zu kommen, die eigene innere Stimme zu vernehmen und aus der Mitte heraus authentisch zu leben. Im Einklang von Körper, Gefühl und Geist und gleichzeitig in guten befriedigenden Beziehungen mit anderen Menschen und der Natur.

Doch oft wissen sie nicht, wie sie an dieses Ziel gelangen sollen. Die Erfahrung jahrzehntelanger therapeutischer Arbeit, Coaching und Ritualarbeit zeigt, dass es möglich ist, die oftmals verschütteten Zugänge zu sich selbst, zur inneren Intuition, Weisheit und Spiritualität wiederzufinden. Dazu brauchen wir aber Zeit, denn unsere Seele spricht nicht auf Kommando zu uns. Wir brauchen Geduld und wirkliches Interesse an unseren wahren Gefühlen, Empfindungen und den Schätzen, die oftmals tief verborgen in unserem inneren Wesen schlummern. Wir brauchen Ruhe, den Rückzug in die Stille, um wieder Zugang zu finden zur inneren Stimme, Weisheit und zu einer ganzheitlichen Spiritualität, die uns dabei hilft, uns selbst und das Leben so anzunehmen wie es ist. Und zu ändern, was in unserem Verantwortungsbereich und in unserer Macht liegt. Wenn wir wieder Zugang haben zu unserer eigenen Mitte, können wir unser Leben und unsere Beziehungen gelassener, entspannter und zufriedener bewältigen.

Der erste Schritt dazu ist, den alltäglichen Stress und die Anspannungen loszulassen, sich wieder selbst zu spüren, still zu werden und tief nach innen zu lauschen, um aus der eigenen Tiefe zu schöpfen.

Dazu möchten wir Sie einladen. Wir möchten Ihnen zeigen, dass es im Alltag möglich ist, wieder Zugang zur inneren Mitte zu finden und authentisch aus dieser Mitte heraus zu leben. Das heißt nicht, dass wir dann immer nur glücklich und zufrieden sind, dass sich all unsere Wünsche erfüllen und wir keine Probleme mehr haben werden. Diesen Weg zu gehen, verheißt ein bewusstes und verantwortliches, ein interessantes, intensives und leidenschaftliches Leben. Mit Ecken und Kanten, die manchmal auch schmerzlich sind, aber durch die wir immer wieder etwas Neues erfahren und uns weiterentwickeln können. Wir können erfahren, dass wir im Leben immer Wahl- und Gestaltungsmöglichkeiten haben. Jedes Leben kann ein Abenteuer sein, dem wir uns stellen und das wir erleben können. Auf diese Reise möchten wir Sie mitnehmen.

Brigitta und Julia de las Heras

Einführung

Liebe Leserin, lieber Leser,

arbeiten auch Sie zu viel und haben keine Zeit für sich selbst? Erleben Sie ständige Anforderungen im Beruf und im Privatleben, Hektik, Stress und Zeitdruck?
Vielleicht gehören Sie zu der großen Anzahl von Menschen, die dazu neigen, sich selbst so weit zu überfordern, dass sie völlig ausgepowert und geistig und körperlich erschöpft sind? Weil sie zu viele Dinge gleichzeitig machen, Tempo und Höchstleistungen von sich erwarten und versuchen, allen Anforderungen ihres Lebens, den eigenen Ansprüchen und den Wünschen der Menschen um sie herum gerecht zu werden.
Möglicherweise kennen Sie sich draußen in der Welt und mit den Bedürfnissen der anderen sehr gut aus.
Doch es kann sein, dass Ihnen die eigenen inneren Gefühle und Bedürfnisse fremd geworden sind und Sie den Zugang zur eigenen Mitte verloren haben.

Viele Menschen versuchen, im Privatleben besonders gute Mütter oder Väter, Partnerinnen oder Partner, Freundinnen oder Freunde zu sein. Oder sie bemühen sich im Beruf z. B. als Ärztin, Pfarrer, Pädagoge, Therapeutin, Sozialarbeiter, als

Mitarbeiterin oder als Vorgesetzte leistungsfähig, effektiv und gut zu sein. Sie versuchen, überall Schritt zu halten und auf dem neuesten Stand zu sein. Und sie fühlen sich oft dafür verantwortlich, dass es allen anderen um sie herum gut geht. Sie kümmern sich mehr um das Wohlergehen der anderen als um das eigene.

Wenn Sie merken,

- dass auch Sie zu viel arbeiten, immer beschäftigt sind und keine Zeit mehr für sich haben,
- dass Ihre Antennen ständig nach außen gerichtet sind und die Anforderungen und Ablenkungen des Alltags Ihre gesamten Energien aufsaugen,
- dass Sie aus der Balance geraten sind, nicht mehr abschalten können und dazu neigen, zu viel im außen oder für andere und zu wenig für sich selbst zu tun.

Wenn Sie spüren,

- dass Sie insgeheim große Sehnsucht nach mehr Zeit für sich haben, mal allein sein und sich zurückziehen wollen von der Außenwelt,
- dass Sie loslassen, entspannen, zur Ruhe finden und Ihre Batterien wieder aufladen wollen,
- dass Sie zu sich selbst, zu Ihren wahren inneren Gefühlen und Bedürfnissen, Ihrem inneren Wesen oder Ihrer eigenen Mitte finden wollen,

aber nicht wissen, wie Ihnen dies im Alltag gelingen kann, oder wo Sie die Zeit hernehmen sollen für sich selbst, dann kann dieses Buch eine wertvolle Hilfe sein und Ihnen viele Anregungen geben.

Einführung

Und da jeder Mensch anders ist, sind auch die Wege verschieden, die Sie einschlagen können, um ruhig zu werden und zu sich selbst zu finden.

Wir zeigen Ihnen, wie Sie mit kleinen Übungen, die nicht viel Zeit beanspruchen, Ihre Gedanken zur Ruhe bringen, Ihren Körper entspannen, Ihre Gefühle wahrnehmen, Ihre Sinne und Ihre Lebensenergie neu beleben können.

Beginnen Sie mit dem, was Sie anspricht, denn alle Wege, die wir Ihnen hier zeigen, führen Sie zu mehr Achtsamkeit und zu mehr Balance zwischen Außen und Innen, bewussten und unbewussten Anteilen Ihres Selbsts.

Das wichtigste Ziel dabei ist, dass Sie wieder zu sich selbst finden, zu Ihrer eigenen Mitte, um aus dieser Mitte heraus authentisch Ihr Leben zu gestalten.

In der Stille Ihrer Mitte können Sie die Stimme Ihres Herzens oder Ihrer Seele hören, die Ihnen sagt, was Sie wirklich brauchen, um ausgeglichen und zufrieden, vital und glücklich zu sein. Die auch Hinweise gibt, Ihr Leben sinnvoll, echt und voller Freude im Einklang mit den Menschen und der Welt um Sie herum zu gestalten.

Und genau dieser Zugang zur eigenen Mitte geht uns oft im hektischen Alltagstrubel und im ständigen Aktiv- und Beschäftigtsein verloren.

Sie finden in diesem Buch also viele praktische Anregungen und Übungen, die Ihnen dabei helfen sollen, Ihr Leben zu entschleunigen, sich Zeit zu nehmen, anzuhalten und bewusst in der Gegenwart anzukommen.

Wie zeigen Ihnen, wie kleine, meditative Übungen und Rituale Ihnen dabei helfen können, mitten im Alltag nach innen zu finden, zu Ihrem ursprünglichen Wesen.

Authentisch und glücklich, selbstbewusst und stark können wir auf Dauer nur sein, wenn wir in der Lage sind, innerlich still zu werden und auf uns selbst zu hören.

Und da Körper, Seele und Geist eine untrennbare Einheit darstellen, wirken die einfachen Übungen, die wir Ihnen hier vorstellen, sowohl auf der körperlichen, als auch auf der seelischen und geistigen Ebene.

Sie lösen Verspannungen und Festgefahrensein auf allen Ebenen des Seins und helfen, beweglicher und ausgeglichener zu werden. Sie verhelfen zu mehr Achtsamkeit, Konzentration und Geduld, die wir brauchen, wenn wir uns auf die Reise zu uns selbst machen.

Es gibt keine allgemeingültigen Aussagen darüber, was genau die Bedürfnisse Ihrer Seele sind, oder was jeden Menschen im innersten Wesenskern ausmacht.

Was das ureigene Potential und die tiefsten inneren Motive im Leben sind, muss jede/jeder selbst für sich herausfinden. Es gibt kein Rezept, mit dem wir sofort unser Inneres abfragen und danach handeln können.

Wir brauchen Zeit und Geduld, um die oft leise und zarte Stimme unseres einmaligen inneren Wesens zu vernehmen, uns danach zu richten und somit in Einklang mit uns selbst zu kommen.

Doch es gibt Landkarten und Hilfsmittel, die uns bei der Reise nach innen unterstützen und stärken können, Wegweiser, die uns die Richtung zeigen.

Einführung

Diese Hilfsmittel bieten wir Ihnen an.

Die Entscheidung, ob Sie diese Anregungen aufgreifen und ausprobieren wollen, treffen Sie allein. Und auch den Weg wirklich zu gehen, auch das können nur Sie selbst.

Sie finden also in diesem Buch viele Übungen zum Einstieg oder zur ersten Hilfe, wenn gar nichts mehr geht. Und Sie finden Anregungen und meditative Übungen, mit denen Sie tiefer einsteigen und sich intensiver um sich selbst und um Ihre wahren körperlichen, seelischen und geistigen Bedürfnisse kümmern können.

Das Buch ist gedacht für Anfänger und für Fortgeschrittene auf dem meditativen und spirituellen inneren Weg zu sich selbst.

Sie können, wenn Sie diese Reise nach innen, zu sich selbst machen, wieder mehr Gelassenheit und Selbstvertrauen, Zufriedenheit und Lebensfreude finden, indem Sie (wieder) lernen, auf sich selbst und Ihre innere Stimme zu hören und ihr zu vertrauen.

Diese Achtsamkeit für sich selbst hat darüber hinaus positive Auswirkungen sowohl auf Ihr Zusammenleben mit anderen Menschen als auch auf Ihr Leben im Einklang mit der Sie umgebenden Natur.

Finden Sie bitte selbst heraus, was Sie anspricht, was sie interessiert, und folgen Sie Ihren eigenen Wünschen, Ihrer Intuition und dem Weg Ihres Herzens.

Im ersten Kapitel finden Sie Hintergrundinformationen und die Landkarten für den Weg nach innen.

Im zweiten Kapitel finden Sie zum Einstieg viele kurze und knappe Übungen, die nur wenige Sekunden bis maximal 15

Minuten in Anspruch nehmen. Es sind Erste-Hilfe-Übungen, mit denen Sie aussteigen können aus dem hektischen Getriebe, das Tempo verlangsamen und bewusst kleine Ruheinseln im Alltag schaffen können.

Im dritten Kapitel finden Sie halb- bis einstündige Übungen und Anregungen, die Ihnen dabei helfen, sich zu entspannen und zu sich zu kommen.

Dafür brauchen Sie täglich Zeit für sich alleine, in der Sie zur Ruhe finden, nach innen lauschen, um zu spüren, wie es Ihnen wirklich geht und was Sie brauchen.

Im vierten Kapitel finden Sie Anregungen, wenn Sie sich mehrere Stunden oder einen Tag Zeit für sich nehmen wollen und können. Wenn Sie in Ihre inneren Welten einsteigen wollen, oder sich in Veränderungs- oder Umbruchphasen befinden und nach Orientierung suchen.

Wir zeigen Übungen, die Sie überall machen können, drinnen in der Wohnung oder draußen in der Natur. Übungen, die Sie machen können, wenn Sie alleine sind und/oder die Sie machen können, wenn Sie mitten unter Menschen sind.

Es sind kurze und längere Übungen dabei
• für den Geist – mit allen Sinnen ins Hier und Jetzt
• für die Seele – Gefühle und inneres Wissen spüren
• für den Körper – durch Bewegung zur Entspannung

1. Kapitel

Wenn die Balance
nicht mehr stimmt

Im Alltag sind wir oft völlig eingespannt in all die Anforderungen und Herausforderungen unseres Lebens. Unsere Zeit ist verplant, wir leben nach dem Terminkalender und der Uhr.
Häufig kümmern wir uns zwar noch um unsere körperlichen Bedürfnisse, essen und trinken, schlafen und bewegen uns vielleicht noch.
Doch für unsere seelischen und geistigen Bedürfnisse haben wir keine Zeit mehr, und oft ist uns auch gar nicht bewusst, was wir im Grunde unseres Herzens wirklich brauchen. Manchmal leben wir nach Vorstellungen, die nicht wirklich zu unseren eigenen innersten Lebenszielen passen oder die nicht mehr passen.

Wenn wir so ins routinierte Funktionieren geraten sind, ständig denken und planen, arbeiten und vernünftig sind, uns antreiben, anstrengen und keine Zeit mehr haben für unsere innere Welt, dann sind wir aus der Balance geraten.

Oft macht sich dieses Ungleichgewicht bemerkbar durch seelische Verstimmungen, wir sind dann gereizt, lustlos, ständig müde, fühlen uns überfordert und nicht mehr wohl in unserer Haut. Unsere Leistungsfähigkeit lässt nach und wir fühlen uns ausgebrannt. Oder wir fühlen uns ausgeliefert an die Umwelt, können schlecht abschalten oder uns abgrenzen, fühlen uns wie in einem Hamsterrad und verbrauchen viel Energie damit, ununterbrochen etwas tun und denken zu müssen.
Sind angespannt und verspannt, leiden vielleicht an Kopf- und Rückenschmerzen oder an vegetativen Störungen, Schlaf- oder Essstörungen, Antriebs-, Lust- und Energielosigkeit.
Oder wir sind häufig krank, neigen zu körperlicher oder psychischer Erschöpfung, sind unzufrieden, regen uns schnell auf, sind nah am Wasser gebaut oder gar depressiv.
Es kann sein, dass die Seele damit signalisiert, dass etwas fehlt in unserem Leben.

Dann wird es höchste Zeit, dass wir uns um uns selbst kümmern. Um wieder ins Gleichgewicht zu kommen und gar nicht erst krank zu werden, ist es sehr wichtig, sowohl auf unsere körperlichen als auch auf die seelischen und geistigen Bedürfnisse zu achten. Doch damit wir auf diese Bedürfnisse eingehen können, müssen wir sie zunächst kennen und ihre Sprache verstehen lernen.

Wir müssen lernen, uns selbst wieder zuzuhören und gut und liebevoll für uns zu sorgen.

Den Nutzen, den wir daraus ziehen, ist das Ankommen bei uns
selbst und ein Leben in Einklang mit unserem inneren Wesen.

Ein Schöpfen aus der inneren Quelle und ein harmonisches Zusammenspiel von Körper, Seele und Geist.

Wie kann es uns gelingen, uns selbst wieder zuzuhören? Und
wie finden wir zu unserem eigenen inneren Wesen und damit
auch zu unseren, manchmal im Alltag verloren gegangenen,
ganz persönlichen Motiven oder Lebenszielen?

Dazu brauchen wir:

1. regelmäßig Zeit für uns selbst
2. den Wunsch, uns auf die Suche zu machen nach den
   inneren Schätzen und
3. die Bereitschaft, uns mit uns selbst zu beschäftigen,
   die Außenorientierung mit der Innenorientierung besser
   abzustimmen.

Orientierung am äußeren und am inneren Geschehen

Uns umgibt eine Fülle von Informationen und Reizen, die unser Organismus blitzschnell wahrnimmt und für uns auswer-
tet. Wir nehmen ständig über die Sinne wahr und orientieren
uns in unserer Umgebung.

Dabei gehen unsere Wahrnehmungs-Antennen sowohl nach innen als auch nach außen.

Im Außen nehmen wir wahr, was uns die Umwelt, andere Menschen und die Natur an Anreizen oder Anforderungen, aber auch an Möglichkeiten zur Befriedigung unserer Bedürfnisse zur Verfügung stellt. Wir nehmen auch die körperlichen, seelischen und geistigen Bedürfnisse anderer Menschen wahr und reagieren darauf.

Im Inneren nehmen wir unsere Befindlichkeit, unsere körperlichen, geistigen oder seelischen Bedürfnisse und Gefühle wahr. Und wir nehmen unsere Reaktionen auf alle Eindrücke wahr, ob sie von innen oder außen kommen.

Normalerweise können wir mit unserer Wahrnehmung von Innen und Außen ständig hin und her wechseln und das für unser Leben Bestmögliche finden.

Wir schwingen dann um unsere innere Mitte, mal in die eine und dann wieder in die andere Richtung. Und bringen unsere Bedürfnisse mit den Bedürfnissen der anderen in ein harmonisches und zufriedenstellendes Gleichgewicht.

Wir sind dann sowohl in Kontakt mit uns selbst, nehmen uns selbst wahr, als auch mit den anderen und der Umwelt.

Doch oft richten wir unsere Wahrnehmungs-Antennen nur nach außen, reagieren nur noch auf das, was von außen an uns herangetragen wird. Werden überflutet von Reizen und Informationen, die wir oft gar nicht alle verarbeiten können. Wir wissen zwar, was alle anderen um uns herum brauchen und von uns wollen, der Partner, die Partnerin, die Kinder, die Eltern, unsere Freundinnen, Kolleginnen oder die Chefin.

Wir wissen auch, was in der Gesellschaft von uns erwartet wird, wie wir aussehen und uns kleiden sollen, was wir in unserer Freizeit und im Urlaub alles erleben und was wir kaufen sollen, damit wir im Trend liegen und dazugehören. Wir wissen auch, welche Bildung oder welchen Beruf wir unbedingt anstreben müssen, um Karriere zu machen und Geld zu verdienen, damit wir uns all das, was scheinbar für uns lebenswichtig ist, leisten können.

Oft haben wir all diese Informationen von außen gespeichert, und ohne sie bewusst zu hinterfragen, leben wir nach diesen Maßstäben. Oder wir wehren uns automatisch dagegen und gehen chronisch in Opposition dazu.

Doch was wir selbst wirklich wollen und brauchen, ist uns dann fremd geworden.

Wir sind uns fremd geworden.

Auch wenn wir uns in zu vielen Aktivitäten draußen in der Welt verfangen, wenn wir ständig nur funktionieren, alle Anforderungen abarbeiten und Dinge tun, die wir eigentlich nicht wirklich tun wollen, verlieren wir auf Dauer uns selbst, unsere innere Kraft, Lebensfreude und Richtung. Wir verlieren unser Geerdetsein, das Vertrauen und das Ruhen in uns.

In der heutigen Zeit haben wir häufig verlernt, auf die Balance zu achten. Das Hin-und-her-Pendeln zwischen außen und innen, aktiv und passiv sein.

Die Wahrnehmungs-Antennen nach außen auf andere und dann wieder nach innen, auf uns selbst zu richten.

Zeit für andere und Zeit für uns selbst zu nehmen.

Das, was uns von außen an Bedürfnissen und Zielen angeboten wird, mit den eigenen inneren Bedürfnissen und Zielen in Einklang zu bringen.

Die innere Gelassenheit und Freiheit zu finden, um die eigenen Möglichkeiten mit den Angeboten von außen in ein gutes, selbstbestimmtes Gleichgewicht zu bringen.

Genauso wichtig ist es, die Balance zwischen dem Denken und dem Fühlen wieder herzustellen. In der Regel sind wir eher im Kopf zu Hause als beim Spüren unseres Körpers und der Gefühle.

Doch nur wenn wir uns Zeit nehmen, still werden und immer wieder nach innen lauschen, können wir tief in uns die Stimme unserer Seele oder unseres Herzens hören und uns danach richten.

Wenn wir den Prozess des Pendelns vernachlässigen, werden wir einseitig und verlieren unsere eigene Mitte.

Rückzug und alleine sein – zu sich finden

Wir alle brauchen sowohl den Kontakt zu anderen Menschen und das Aktivsein als auch Zeiten des Rückzugs, des Alleinseins und des Nichts-Tuns. Zeiten, in denen wir das Tempo verlangsamen, uns in aller Ruhe regenerieren und unsere Batterien wieder aufladen.

Zeiten des Alleinseins, um zu uns selbst zu kommen und im gegenwärtigen Augenblick anzukommen. Unsere Wahrnehmungs-Antennen nach innen zu richten und spüren, wie es uns gerade geht und was uns wirklich wichtig ist.

*Wenn die Balance
nicht mehr stimmt*

Aus dem Kopf in den Körper und zu den Sinnen kommen!
Und vom Tun ins Sein kommen.

Es gibt Phasen am Tag und im Leben, in denen wir nach außen gehen und aktiv sind. Und es gibt Phasen, in denen wir uns zurückziehen müssen von der Welt.
Eigentlich sind das ganz normale Zyklen, wie Ebbe und Flut, Tag und Nacht, Sommer und Winter.
Wir brauchen dieses Hin- und Herfluten wie das Ein- und Ausatmen.
Das Bedürfnis nach Rückzug und Alleinsein, zur Ruhe kommen und ganz für sich sein, ist ein Grundbedürfnis.

Genauso wie das Bedürfnis nach Nähe, Kontakt und Begegnung mit anderen Menschen. Oder das Bedürfnis danach, aktiv, kreativ und sinnvoll am Leben teilzunehmen.
Wir alle haben Grundbedürfnisse, und wenn diese befriedigt sind, fühlen wir uns wohl und lebendig und sind zufrieden.

Wir sollten also darauf achten, die Zeiten des Rückzugs und des Alleinseins genauso wertzuschätzen wie die Zeiten des Tätigseins und das Im-Kontakt-mit-anderen-Menschen-Sein.

Selbst gewählte Einsamkeit und Zeiten des Rückzugs von der Welt sind Balsam für unsere Seele und tragen dazu bei, dass wir ausgeglichen sind und seelisch und körperlich fit bleiben.
Wir sollten also dafür Sorge tragen, dass wir uns immer wieder am Tag, in der Woche, im Jahr, Zeit für uns selbst reservieren.
Zeit, in der wir alleine sind, uns vom Geschäftigsein erholen, uns ausruhen und nach innen lauschen. Innere Einkehr halten.

Das gewohnte Tempo herunterfahren, aus dem ständigen Denken aussteigen und uns auf etwas anderes konzentrieren.

Nicht etwas tun, sondern einfach nur achtsam da sein, im gegenwärtigen Augenblick sein.

Dies sind immens wichtige Pausen, die uns Kraft und Richtung geben für unser Leben. Und da es im normalen Alltag nicht leicht ist, diesem elementaren Bedürfnis Zeit und Raum zu geben, brauchen wir ganz besondere Rituale dafür.

Zeit für sich – Retreat im Alltag

Die Zeit für uns selbst müssen wir uns zwar selbst nehmen, aber wir können auch kurze Zeiträume intensiv nutzen, wenn wir sie als Rückzugs- und Pausenrituale gestalten.
Die seit Urzeiten bekannte heilsame und zentrierende Wirkung eines Rückzugsrituals, eines Retreats, können wir heute bewusst für uns nutzen. Wir knüpfen damit an alte Traditionen an und nutzen die Erfahrungen unserer Vorfahren für unsere heutigen Bedürfnisse, bei uns selbst innere Einkehr zu halten. Wenn wir uns jeden Tag aufs Neue vornehmen würden, heute sollte ich mir mal Zeit für mich nehmen, würde sicher nichts daraus.

Wenn wir diese Zeit aber fest als Ritual in unseren Alltag einbauen, so selbstverständlich wie das Zähneputzen, dann werden wir uns leichter daran erinnern und uns diese Zeit nehmen.

Für ein Rückzugsritual brauchen wir täglich nur wenige Minuten. Besser ist es aber, sich täglich eine halbe bis eine Stunde Zeit zu gönnen, um alleine zu sein, abzuschalten und bei sich anzukommen.

Rituale mit ihrer überschaubaren Struktur helfen dabei, innezuhalten, für eine begrenzte Weile auszusteigen aus den gewohnten Denkprozessen und Verhaltensweisen des Alltagslebens.

Wir tauchen dadurch, dass wir das Tempo verlangsamen, die gewohnten Gedanken loslassen und uns auf eine andere Erfahrungsebene einlassen, in eine besondere innere Welt ein.

Wir gelangen mit der Zeit wie von selbst auf eine heilsame Ebene und bekommen Zugang zu unserer inneren Intuition, Weisheit und Kraft.

Mit der bewährten Struktur eines Rituals können wir, mit etwas Übung, große Wirkungen erzielen. Denn es wirkt durch seine einfache Form und seine Überschaubarkeit tief auf unsere Seele und signalisiert uns, dass jetzt der besondere magische Raum geöffnet ist, der nur uns alleine gehört.

Ein Ritual ist wie ein Boot, das wir nutzen können, um auf eine tiefe innere Erfahrungs- und Erlebensebene zu kommen.

Ein Ritual hat einen klaren Anfang, einen Mittelteil und ein eindeutig definiertes Ende.

Damit haben wir einen Rahmen und eine einfache Formel, wie wir leicht einsteigen, etwas Besonders erleben und genauso leicht und selbstverständlich wieder zurückkehren können in unser Alltagsbewusstsein.

So können wir die Zeit, die wir uns vorgenommen haben, gut und effektiv nutzen.

Sogar Gesten oder Gegenstände, die Teile unseres Rituals sind, können dann wie Anker im Alltag wirken, die uns sofort, wenn wir sie betrachten oder berühren, in einen ruhigen und entspannten Zustand versetzen können.

Bevor wir Ihnen verschiedene Entspannungs- und Pausenrituale vorstellen, möchten wir Ihnen zeigen, wie grundlegend wichtig die achtsame Wahrnehmung ist. Und welche Bedeutung ein bewusster und intensiver Kontakt für unser Erleben hat.

Die Reise nach innen – Hier und Jetzt

Ein wichtiger Schritt auf dem Weg nach innen ist das Schulen unserer Wahrnehmung. Achtsam wahrnehmen, was hier und jetzt in uns und außerhalb von uns geschieht und diese Realität ernst nehmen. Damit verlangsamen wir unser normales Tempo und kommen, zunächst vielleicht nur für wenige Augenblicke, zur Ruhe. Dies ist eines der wichtigsten Ziele vieler spiritueller Schulen.

Die wenigsten Menschen haben gelernt, achtsam im jetzigen Augenblick zu sein. Hier an diesem Ort und in dieser Zeit einfach nur wahrnehmen und erkennen, was jetzt gerade ist, ohne sofort zu bewerten, zu beurteilen und weiterzueilen.

*Wenn die Balance
nicht mehr stimmt*

Meist sind sie in Gedanken entweder schon in der Zukunft, bei dem was sie vorhaben, was sie sich wünschen und noch tun wollen.

Oder bei Ereignissen, die schon vorbei sind. Sie sind in Gedanken verstrickt, die sich um Begebenheiten oder Menschen drehen, die nicht anwesend sind.

Machen Sie dazu jetzt ein kleines Experiment. Legen Sie das Buch zur Seite und achten Sie darauf, wie Sie gerade atmen, wie Sie sitzen oder liegen, wie Sie sich fühlen. Was in Ihnen vorgeht, was Sie denken, was Sie sehen oder hören, wenn Sie einen Augenblick das Lesen unterbrechen.

Jetzt in diesem Moment sind Sie in der Gegenwart angekommen und an dem Ort, an dem Sie gerade sind.

Nehmen Sie diese Realität einfach nur wahr, ohne etwas zu verändern.

Wie geht es Ihnen bei diesem kleinen Experiment, das Sie in Ihre augenblickliche Realität geführt hat? Spüren Sie Ungeduld oder langweilt es Sie? Möchten Sie schnell weiterlesen oder denken Sie kritisch, was soll denn das bringen?

Mit dieser kleinen, völlig unspektakulären Übung machen wir den ersten Schritt auf dem Weg zum Hier und Jetzt.

Für einen Moment schalten wir damit ab vom gewohnten Muster und kommen zum Erleben von dem, was ist.

Obwohl unser unruhiger Verstand uns möglicherweise sofort suggeriert, dass so etwas nichts bringen kann. Dass es viel zu einfach ist, weil wir oft denken – und damit schränken wir uns schon wieder ein – dass es höchst kompliziert sein muss, achtsam ins Hier und Jetzt, zur Ruhe und zu sich selbst zu kommen.

Doch nur wenn wir einfach in der momentanen Realität mit unserer Aufmerksamkeit angekommen sind, können wir spüren, was in uns vorgeht, was wir jetzt gerade brauchen und vor allem, was uns unsere innere Stimme genau in dieser Situation rät.

Nur hier in diesem Augenblick findet unser Leben statt.

Nur hier können wir erfahren, fühlen, spüren, erleben, eingreifen, uns ausdrücken, um etwas bitten, etwas tun oder es unterlassen.

Nur wenn wir im Augenblick wach sind, können wir uns selbst und die anderen um uns herum wirklich spüren, können angemessen und aus tiefstem Herzen heraus handeln und reagieren.

Wir verpassen dann nicht den Augenblick, jemanden in den Arm zu nehmen oder ihm eine Grenze zu setzen. Verpassen nicht den Augenblick, jemandem wirklich zu begegnen, ihn zu spüren, uns berühren und bereichern zu lassen.

Wenn wir entweder in der Zukunft oder in der Vergangenheit mit unseren Gedanken beschäftigt sind, haben wir kein Auge oder kein Ohr für das, was jetzt gerade Wichtiges abläuft.

Wir sind nicht am Platz, bekommen nicht mit, welche Gefühle und Körpersignale aus unserem Inneren gesendet werden und wir hören unsere innere Stimme nicht. Wir merken auch nicht, was wir an Chancen oder Möglichkeiten genau in diesem Augenblick haben, mit anderen in Kontakt zu treten.

Jeder einzelne Moment, den wir erleben, ist der einzige, in dem wir wirklich leben, in dem wir wahrnehmen und annehmen, antworten und gestalten können. Wenn der Moment vorbei ist und wir nicht reagiert, nicht geantwortet, nicht an- oder aufgenommen haben, was wir bekommen konnten, ist diese Chance für diesen Moment vertan.

Wenn wir also lernen, mit unserer Aufmerksamkeit im Hier und Jetzt zu sein, spüren wir allmählich, was wir wirklich wollen und brauchen im Leben, dann sind wir im Kontakt mit uns selbst.

Wir entschleunigen und entstressen unser Leben, leben bewusst in Kontakt mit unserer Mitte und mit der Realität.

Doch keinem Menschen gelingt es immer, völlig achtsam in der Realität und in seiner Mitte zu sein. Wir werden uns immer wieder ablenken lassen, unkonzentriert sein und mit den Gedanken abschweifen, von einer besseren Zukunft träumen. Daran glauben, dass es irgendwann, wenn wir noch dies oder jenes erreicht haben, besser sein wird als jetzt. Wenn erst die Kinder groß sind oder wir die neue Stelle haben, wenn wir abgenommen haben oder wenn der Partner uns endlich mal verstehen oder sich ändern würde.

Dann, so glauben wir, werden wir endlich glücklich sein, und dann wird unser Leben erfüllt und voller Freude sein.

Doch wir nehmen unsere Art, in der Welt zu sein, zu denken und zu fühlen, überall mit hin, egal, ob wir den Urlaub in der Karibik verbringen oder zu Hause bleiben.

Unsere Art zu denken und mit uns selbst und der Realität umzugehen, ist ein wichtiger Baustein für unser Glück oder unsere Unzufriedenheit.

Noch einmal: Unser Leben findet genau hier und jetzt statt.

Das Vergangene liegt hinter uns und die Zukunft ist noch nicht da.
Dies zu erfahren ist der Sinn dieser kleinen Übung.

Möglicherweise können Sie bei dieser Übung schon den qualitativen Unterschied spüren und erkennen, was es heißt, ganz wach zu sein oder nur mit halber Aufmerksamkeit da zu sein.
Die meisten von uns brauchen Übung darin, sich zu konzentrieren und mit allen Sinnen im eigenen Leben, in der eigenen Realität zu sein.

Unser inneres Wesen können wir im Laufe der Zeit immer besser erspüren und kennenlernen, wenn wir unsere Wahrnehmungs-Antennen nach innen, zur körperlichen, seelischen und geistigen Ebene richten und wahrnehmen, was jetzt, in diesem Moment, in uns vorgeht.

Intensives Erleben – Nahrung für die Seele

Das achtsame Wahrnehmen von dem, was in uns und außerhalb von uns ist, ist der erste Schritt zum intensiven Erleben. Der zweite Schritt ist dann, dass wir diese Wahrnehmungen in zufriedenstellende Handlungen und Erfahrungen umsetzen.

Dazu brauchen wir einen guten Kontakt sowohl zu unserer eigenen inneren Realität als auch zu der uns umgebenden Realität.

Dieser gute Kontakt, die Bewusstheit über das, was ist, ist die Voraussetzung für befriedigende und erfüllende Erfahrungen und Beziehungen.
Angelehnt an die Gestalttherapie, möchten wir hier ein Modell beschreiben, wie ein Kontakt oder eine Begegnung befriedigend, intensiv und nährend sein kann.
Zufriedenstellenden und bereichernden Kontakt können wir uns wie eine Welle vorstellen, die sich langsam aufbaut, zu ihrem intensiven Höhepunkt gelangt, wieder abebbt, allmählich zur Ruhe kommt und nach einer Weile der Entspannung sich von Neuem aufbaut.

Ein bereichernder Kontakt hat vier Phasen:

Der Vorkontakt bezeichnet die Phase, in der ich noch nicht so recht weiß, um was es mir geht und was ich will. Ich spüre meist einfach nur ein Unbehagen und beginne, mich allmählich und aufmerksam auf die Suche zu machen, um herauszufinden, was ich jetzt, in diesem Augenblick, wirklich brauche oder will.

Die Phase der Kontaktaufnahme bedeutet, ich spüre jetzt genauer, was ich brauche, wohin es mich zieht, und ich beginne zunehmend, aktiv zu werden. Ich suche nun bewusst nach dem, was mir gerade fehlt, was ich jetzt gerne möchte.

Der Vollkontakt bedeutet, ich bin voller Energie und Leidenschaft bei der Sache, öffne dabei meine Grenzen und lasse die Erfahrung, so wie sie ist, herein, und gehe gleichzeitig aus mir heraus. Ein Austausch findet statt.
Ich erlebe mit allen Sinnen das, was ich möchte oder brauche und lasse mich ganz ein auf diese Erfahrung. Ich bin ganz bei der Sache und gebe mich der Erfahrung hin, mit Körper, Herz und Verstand.
Da ich meine Grenzen öffne, bin ich durchlässig für die Erfahrung, kann ich erleben, wie sie mich berührt, durchdringt und bewegt. Und ich kann spüren, wie ich mich selbst einlasse und gebe.

Der Nachkontakt ist die Zeit, in der ich wieder ruhiger werde, in der mein Aktivitätsdrang oder die Energien nachlassen. Ich spüre, dass ich satt und zufrieden bin. Es ist so, als ob ich meine vorher geöffnete Grenze wieder schließen würde. Und das, was mir begegnet ist, kann sich nun in mir ausbreiten. Ich „verdaue", assimiliere die Erfahrung und spüre, wie sie mich nährt, stärkt, verändert und vielleicht auch heilt.

Ich bin durch einen intensiven Kontakt nicht mehr die gleiche Person, die ich vorher war.
Etwas Neues ist entstanden, ich habe eine verändernde Kraft wahrgenommen, aufgenommen oder angenommen. Habe das,

was ich für mein Wachstum oder Wohlbefinden brauche, angenommen, habe mich gewandelt oder verwandelt und bin mir gleichzeitig ein Stück nähergekommen.

Denn ich spüre, dass ich es bin, die diese Erfahrung gerade so gemacht hat, wie ich sie gemacht habe, und ich spüre deutlich meine Art zu erleben, zu leben und zu verarbeiten.

Eine bewusst erlebte Erfahrung ist etwas ganz Besonderes, etwas Einmaliges und Lebendiges.

Denn sie lässt sich so, wie sie war, nicht mehr wiederholen. Sie ist gebunden an einen ganz bestimmten Ort, an eine ganz bestimmte Zeit, an ganz bestimmte Empfindungen und Gefühle.

Darum ist sie einmalig und außergewöhnlich.

Ob es sich nun darum handelt, dass ich einen Sonnenaufgang intensiv erfahren habe oder eine liebevolle Begegnung mit einem anderen Menschen, ein gutes Essen oder einen exstatischen Tanz, ein wunderbares Musikstück oder den Ausdruck meiner eigenen Kreativität.

Das Kontakt-Modell kann uns zeigen, wie wir zu intensivem und befriedigendem Erleben finden können, das uns nährt und bereichert.

Dies gilt sowohl für das innere Erleben als auch für das Erleben anderer Menschen oder der Natur.

Die innere Landkarte: Körper – Seele – Geist

In unserer heutigen Wissensgesellschaft sind wir über Vieles sehr gut informiert und manchmal erschlägt uns auch die Flut an Informationen und neuesten Erkenntnissen.

Wir wissen zwar allgemein sehr viel über körperliche Bedürfnisse wie Ernährung, Bewegung, Sexualität, Entspannung und Schlaf. Auch das innige Zusammenspiel zwischen Körper, Seele und Geist ist uns in Ansätzen bewusst. Wir wissen z.B., dass der Körper über die Seele geheilt werden kann und dass unsere Einstellung zu uns und zum Leben einen großen Einfluss auf unsere körperliche und seelische Gesundheit hat.

Doch im Alltag richten wir uns nicht wirklich danach. Wenn wir körperliche Probleme haben, gehen wir zum Arzt, wenn wir psychische Probleme haben zum Psychotherapeuten, und wenn wir keinen Sinn in unserem Leben finden, richten wir uns eventuell an Geistliche.

Nur selten richten wir uns nach innen und hören uns selbst zu, lassen uns ein auf unser eigenes inneres Wissen.

Die Weisheit des Körpers

Trotz des weit verbreiteten Wissens um körperliche Bedürfnisse fehlt uns oft der Zugang zu unserem eigenen Körper. Wir spüren nicht, was wir ganz persönlich brauchen, um gesund zu sein und uns wohlzufühlen.

Dann orientieren wir uns an den neuesten Ernährungsplänen oder wissenschaftlichen Erkenntnissen, treiben Sport, der uns vielleicht gar nicht guttut, gehen über unsere eigenen Grenzen und wundern uns, dass es uns nicht besser geht.

Wir orientieren uns häufig am Außen, weil wir meinen, andere wüssten besser Bescheid, was für uns richtig und gut ist.

Oft haben wir nicht gelernt, nach innen zu hören und zu spüren, was für uns ganz persönlich sinnvoll und richtig ist.

Und wir trauen uns auch nicht zu, unseren eigenen Weg zu finden.

Doch welche Ernährung, Bewegung oder Entspannung für uns die richtige ist, können nur wir selbst herausfinden.

Das ist nicht so leicht, denn wir müssen (wieder) lernen, nach innen zu schauen.

Kontakt aufzunehmen mit unserem ureigenen Wesen, um zu spüren, was wir wirklich wollen, was uns guttut und was uns nicht bekommt.

Natürlich brauchen wir auch Informationen und Unterstützung von außen, brauchen Anregungen und Hinweise, müssen ausprobieren und versuchen. Doch wir können nicht alles einfach übernehmen, sondern müssen uns die Mühe machen, selbst herauszufinden, was für uns stimmt.

Wenn wir lernen, auf uns selbst zu vertrauen, können wir im Laufe der Zeit erfahren, wie viel verborgenes Wissen und instinktive Weisheit in unserem Körper steckt.

Was jedoch noch viel mehr in unserer Zeit fehlt, ist das Wissen um seelische und emotionale, geistige und spirituelle Bedürfnisse und das Eingehen auf sie. Unser Hunger nach Sinn und Bedeutung, nach Echtem und Wesentlichem, ist oft grenzenlos. Und häufig ist uns gar nicht bewusst, wie wichtig diese Seite unseres Wesens ist. Dass wir auf Dauer nur glücklich, gesund und authentisch sein können, wenn wir einen guten Kontakt zu ihr pflegen.

Die Weisheit der Seele

Es gibt sehr unterschiedliche Auffassungen darüber, was die Seele oder Psyche ist. Manche verstehen sie als schöpferische, feinstoffliche Kraft, die den Körper beseelt, die flüchtig und nicht greifbar ist. Andere gehen davon aus, dass sie unsterblich ist, für eine Weile in unserem Körper wohnt und bestimmte Aufgaben in diesem Leben erfüllen will.

Beschrieben wird sie meist als hell und licht, freundlich und liebevoll, einfühlsam und gerecht, offen und beweglich, wissend und weise.

Sie äußert sich spielerisch und originell, passt häufig nicht zum rationalen Verstand, denn sie liebt es, sich mit allen Sinnen und mit ganzem Herzen auf das Leben einzulassen und eigene, unkonventionelle Wege zu gehen.

Wenn die Balance
nicht mehr stimmt

Sie ist eng verbunden mit den Gefühlen und dem inneren Kind, und dennoch ist sie mehr. Oft wissen wir nicht viel über unsere Seele und unsere Gefühle. Haben keine Worte für das, was wir im tiefsten Inneren fühlen und wissen auch nicht, wie wir es ausdrücken und angemessen leben können.

In der Regel haben wir gelernt, Gefühle zu verstecken und sie uns nicht anmerken zu lassen. Das funktioniert oft so gut, dass wir irgendwann selbst nicht mehr wissen, was in uns vorgeht und was wir wirklich fühlen, ob wir verletzt sind oder angerührt, uns freuen oder ärgerlich sind.

Meist wollen wir auch nur ganz bestimmte Gefühle zulassen, die zu unserem Selbstbild passen, und stecken alle unpassenden Gefühle weg.

Doch wir sind emotionale Wesen und brauchen das Wahrnehmen und Fühlen von dem, was ist. Wir brauchen den Zugang zu unserer Gefühlswelt und zur seelischen Welt und wollen ausdrücken, was wir im tiefsten Inneren fühlen.

Wir wollen verstanden werden von anderen Menschen und brauchen Resonanz auf unsere innersten Gefühle und Empfindungen.

Sonst fühlen wir uns irgendwann abgestumpft und leer und einsam. Darum ist es so wichtig, nach innen zu lauschen, um Zugang zu finden zu der weisen emotionalen Kraft in uns. Manche nennen sie Bauchintelligenz oder Weisheit des Herzens.

Alle Gefühle haben, wie wir noch sehen werden, ihre Daseinsberechtigung. Sie weisen uns darauf hin, was tief in uns vor sich geht. Wir haben die Aufgabe, sie wahr und ernst zu nehmen und einen angemessenen Ausdruck für sie zu finden. Gefühle geben uns die Kraft zum Leben.

Die Weisheit des Geistes

Noch weniger Gedanken machen wir uns in der Regel über unsere geistigen und spirituellen Bedürfnisse.

Wir kennen uns vor allem aus mit unserem rationalen, logischen und zielgerichteten Verstand, der häufig die Oberhand hat. Wir sind vernünftig, sachbezogen, kritisch, abwägend, beurteilend und glauben oft, nur das, was wir sehen, anfassen und beweisen können. Doch das ist nur die eine Seite, die vor allem in unserer Kultur stark überbewertet wird.

Die andere Seite unserer geistigen Kraft ist das intuitive, kreative, spontane, unangepasste, originelle, bildhafte, ganzheitliche Denken und Erkennen.

Diese Seite unseres Geistes ist eng verbunden mit der Weisheit unserer Seele und der Weisheit unseres Körpers und bildet zusammen mit ihnen die Mitte unseres Wesens.

Viele Antworten auf spirituelle Fragen nach dem Sinn des Lebens und dem Woher und Wohin können wir nur im Austausch und im Kontakt mit unserer eigenen Mitte finden. Nur in der inneren Mitte sind wir dem Göttlichen nahe.

Wir brauchen also, um ausgeglichen und zufrieden zu sein, immer wieder Stille zum Verarbeiten all der Eindrücke, die wir täglich aufnehmen, Zeit zum geistigen und emotionalen Verdauen. Es tut uns gut, wenn wir lernen, unsere ständig kreisenden Gedanken zur Ruhe zu bringen, damit wir Abstand gewinnen können von dem, was täglich von außen auf uns zukommt.

Und von dem, was wir gewohnheitsmäßig über uns und das Leben denken.

Damit lernen wir, unsere geistige Energie nicht zu verschwenden, indem wir pausenlos im gewohnten Schema denken. Und wir lernen, auf uns selbst zu hören.

Wenn wir lernen, still zu werden und uns auf uns selbst zu besinnen, spüren wir häufig das tiefe Bedürfnis, uns authentisch auszudrücken und selbstbewusst nach unseren individuellen Lebenszielen zu leben und damit unserem Leben einen Sinn zu geben.

Viele Menschen leben lange Zeit nach den Vorstellungen und Zielen, die sie von den Eltern, der Gesellschaft oder der Werbung unbewusst übernommen haben. Doch damit werden sie nicht wirklich glücklich, denn ganz tief in ihrem Inneren fehlt etwas. Und viele machen sich erst in der Lebensmitte auf den Weg, die eigenen Lebensmotive, die innersten Ziele zu entdecken und nach ihnen zu leben.

Die Suche nach sich selbst ist der Versuch, dem eigenen Tun, dem eigenen Leben einen Sinn zu geben. Dieser Sinn muss immer wieder in Übereinstimmung sein mit dem, was wir tief in uns fühlen.

Das Erkennen, was für uns selbst das Richtige ist, ist oft nicht so einfach. Leichter ist es, sich an den Zielen zu orientieren, an denen sich die Mehrheit der Menschen in einer Gesellschaft orientiert.

Doch wirklich zufrieden und in Einklang mit uns selbst können wir nur sein, wenn wir herausfinden, was uns selbst aus dem tiefsten Inneren heraus motiviert, was wir selbst in diesem Leben erfahren und erleben wollen.

Unterschiedliche Lebensziele

Für manche Menschen sind soziale und emotionale Ziele, Bindungen, Liebe und Verständnis im Zusammenleben mit anderen wichtige Lebensmotive. Sie möchten in einer Partnerschaft, in einer Familie leben, oder in einem Team arbeiten. Sie können sich gut anpassen, eigene Wünsche zurückstellen und sorgen gerne für das Wohl anderer, ob für andere Menschen, Kinder, Tiere oder die Natur.

Für andere ist es wichtig, besondere Leistungen auf einem bestimmten Gebiet oder in einem Beruf zu erbringen, sie sind ehrgeizig und wollen stolz auf sich sein können. Möchten etwas aufbauen und erreichen in ihrem Leben.

Wieder andere möchten gerne die Führung und die Verantwortung übernehmen und selbst bestimmen, was zu tun ist; sie haben gerne das Sagen.

Manche Menschen brauchen den kreativen Ausdruck ihrer innersten Persönlichkeit in Form von Kunst, Musik oder Literatur. Sie wollen sich selbst ausdrücken und einbringen in die Gesellschaft.

Und wieder anderen liegen spirituelle, religiöse, psychologische oder philosophische Ziele am Herzen, und sie brauchen den intensiven Austausch oder Ausdruck dieser Bedürfnisse.

Es ist auch möglich, dass sich die inneren Motive im Laufe des Lebens verändern. Dann überwiegt in einer Lebensphase die eine oder andere Motivation.

Wir sollten uns also immer wieder Zeit und Raum nehmen,

um uns von den äußeren Eindrücken und unseren gewohnten Denk- und Verhaltensmustern freizumachen und unsere Antennen nach innen zu richten und herauszufinden,
- wer wir sind,
- was wir fühlen und brauchen,
- welche Fähigkeiten und welches Potential uns auszeichnet und was wir einbringen wollen in die Gemeinschaft,
- wie unsere ureigenen Lebensmotive, Wertvorstellungen und Ziele aussehen und
- was unsere spirituelle Quelle ist.

Themen für die Rückzugszeiten

Es könnte sein, dass Sie zunächst die Zeit des Alleinseins darauf verwenden, sich auszuruhen, einmal nicht über andere nachzudenken. Vergangene Ereignisse oder Gespräche nicht immer aufs Neue durchzukauen. Nicht arbeiten, nicht telefonieren, keine Zeitungen, Illustrierte, Werbeblätter oder Modezeitschriften durchblättern. Nicht fernsehen oder Nachrichten hören, sich nicht ablenken und beruhigen mit Essen oder Trinken, spielen, im Internet unterwegs sein oder sich sportlich betätigen.

Und dafür die ganze Aufmerksamkeit sich selbst schenken. Sie können diese Zeit des Rückzugs darauf verwenden, aus dem Tun ins Nicht-Tun zu kommen und nachzuspüren, wie es Ihnen gerade geht, was auf einer tieferen Ebene in Ihnen vorgeht, was Sie jetzt in diesem Augenblick wirklich brauchen und wollen.

Sie können sich, um zur Ruhe zu kommen, darauf konzentrieren, was Sie jetzt gerade in der Natur umgibt. Blühen Blumen, ist das Korn reif, wirbeln bunte Blätter im Wind, ist Vollmond, ist es neblig, scheint die Sonne oder regnet oder schneit es gerade?

Sie können auf diesem Weg lernen und üben, achtsamer und intensiver zu leben.

Sie können sich darüber hinaus auch Zeit nehmen, über Ihre Beziehungen, Ihre Arbeit, Ihre Wünsche und Hoffnungen nachzusinnen. Sich darüber klar werden, wie viel Zeit Sie täglich für welche Aktivitäten aufwenden. Wo Sie gerade auf Ihrem Lebensweg stehen und welche Ziele Sie haben oder welche Sie bisher hatten. Ob die Ziele, die Sie tagtäglich verfolgen, mit denen übereinstimmen, die Sie tief in Ihrem Inneren spüren können.

All dies sind mögliche Inhalte oder Themen für eine Rückzugszeit. Mehr darüber finden Sie ab Seite 61.

Wenn die Balance
nicht mehr stimmt

Atempausen im Alltag

Vielleicht können Sie sich angewöhnen – oder vielleicht tun sie es ja schon – jeden Tag bewusst kleine Atempausen einzulegen.

Dann gehen Sie möglicherweise mit dieser Absicht unter die Dusche, legen sich aufs Sofa, schließen die Augen, ruhen sich aus und träumen.

Manchmal gelingt diese kleine Auszeit auch, wenn wir uns inmitten anderer Menschen befinden, im Café oder im Zug sitzen. Oder wir spüren bei der Fahrt zur Arbeit oder auf dem Weg nach Hause plötzlich, wie gut es tut, das Autoradio auszuschalten und still den eigenen Gedanken und Gefühlen nachzuhängen, oder den Atem, den Herzschlag und damit den ganz eigenen inneren Rhythmus zu spüren.

Kurz Zeit für uns zu nehmen, bevor wir nach Hause kommen und vielleicht die Kinder auf uns einstürmen oder neue Anforderungen oder Verpflichtungen auf uns warten.

Vielleicht können Sie die heilsame und stärkende Wirkung einer kleinen Auszeit spüren, wenn Sie in Ruhe eine Tasse Kaffe trinken, ohne Ziel aus dem Fenster schauen, Ihre Lieblingsmusik hören, die Augen schließen und sich zurück lehnen, den Stimmen der Vögel oder des Windes lauschen, den Sonnenuntergang erleben, in eine Kerzenflamme schauen, Räucherwerk verbrennen oder den Wolken zusehen.

Aus der Mitte leben

Doch auch bei manchen Tätigkeiten, die wir gerne tun, bei denen wir uns wohlfühlen und uns ganz oder leidenschaftlich beteiligt fühlen, die uns Freude machen, können wir abschalten und ganz bei uns sein.

Dies sind Tätigkeiten, bei denen wir achtsam und intensiv im Kontakt mit uns und/oder anderen sind.

Manche Menschen empfinden dies, wenn sie im Garten arbeiten, ihre Blumen pflegen oder ins Tagebuch schreiben, die Katze streicheln oder durch den Wald joggen. Ein Bild malen oder die Küche streichen. Einen Kuchen backen oder mit einem Kind spielen. Mit der Freundin telefonieren oder die Wäsche auf die Leine hängen. Ein intensives Gespräch führen oder einem Konzert lauschen. Ein Problem lösen oder tanzen, Musik machen oder singen.

Dann kann es sein, wenn Sie diese Tätigkeiten mit ganzem Herzen tun, dass Sie sich in Windeseile wie in eine andere Zeit versetzt fühlen. Eine Zeit, in der andere Regeln gelten. Die sich anfühlt, als stünde die Uhr still, als könne sie ewig dauern. Als gäbe es nichts Wichtigeres auf der Welt als die Vollendung dieser Tätigkeit. Oder den Kontakt und die Begegnung mit diesem Menschen.

In diesen Momenten, in denen wir ganz bei uns und intensiv im Kontakt mit unserem Tun oder mit einem anderen Lebewesen sind, können wir uns sammeln und wieder neue Energie tanken.

Diese Momente sind kostbar, es sind die kleinen Fluchten, die uns mitten im Alltagsleben erlauben, kurz Einkehr zu halten bei uns selbst. Momente, in denen wir in einem guten Kontakt mit uns und den anderen sind und dabei entspannen, loslassen, einfach nur da sind, konzentriert, intensiv und meditativ das eine nach dem anderen erleben.
Und uns dabei selber, andere und etwas Größeres als unsselbst spüren können und uns davon bereichern und erfüllen lassen.

In diesen Momenten sind unsere Gedanken und Vorsätze, unsere Pläne und die innere Hetzerei zum Stillstand gekommen und wir gehen ganz auf in dem gegenwärtigen Augenblick.
Wir erlauben uns selbst und den anderen, so zu sein, wie wir sind, nehmen uns selbst und die anderen an. Berühren und verstehen einander auf einer tiefen und heilsamen Ebene.

Möglichkeiten des Alleinseins –
Rückzug in die Stille

Wie Sie aus dem bisher Gesagten sehen können, gibt es ganz verschiedene Möglichkeiten, sich vom Geschäftigsein zurückzuziehen und bei sich selbst anzukommen.

Sie können regelmäßig jeden Tag

* einige Minuten,

* eine halbe bis eine Stunde Zeit für sich selbst nehmen. In der Sie sich zurückziehen aus dem Kontakt mit anderen und alleine für sich sind. Schweigen, meditative Übungen machen und sich um sich selbst und um Ihre innere Welt kümmern. Oder Ihre Konzentration auf eine Tätigkeit oder Begegnung richten, in der Sie voll aufgehen, in der Sie mit ganzem Herzen dabei sind.

Sie können sich auch vornehmen, immer wieder einmal

* einen halben oder ganzen Tag für sich alleine zu verbringen. Und sich einem bestimmten Thema oder einer Übung zu widmen, vor allem, wenn Sie sich in Krisen oder Veränderungsphasen befinden. Oder Sie können sich von Zeit zu Zeit einfach treiben lassen und sich auf das einlassen, was Ihnen in dieser freien Zeit begegnet.

Oder Sie entscheiden sich dazu,

* zwei bis drei Tage oder eine Woche Zeit für sich zu nehmen. In der Sie wegfahren oder in der Sie sich zu Hause nur um sich selbst und Ihre eigenen Bedürfnisse kümmern. Um abzuschalten und den Weg nach innen und zu einem

intensiven Erleben zu finden. Aus dieser Erfahrung heraus entsteht möglicherweise eine neue Orientierung oder die Gewissheit, auf dem richtigen Weg zu sein.

Wenn Sie zunächst nicht ganz alleine sein möchten, können Sie sich auch mit Freundinnen verabreden, um gemeinsam zu meditieren, schweigend in den Wald, zum Schwimmen oder in die Sauna zu gehen. Sie können gemeinsam Jahreskreisfeste feiern. Oder Sie belegen einen Kurs für Malen, Trommeln oder Fantasiereisen. Nehmen teil an einer Selbsterfahrungsgruppe, erlernen Autogenes Training oder Yoga, als Einstieg für selbst gestaltete Zeiten der Stille und des Alleinseins.

Es kann also sein, dass Sie sich dazu entscheiden, jeden Tag eine halbe Stunde und zwischendurch ein paar Minuten, jede Woche ein paar Stunden, einmal im Monat einen halben bis einen Tag und einmal im Jahr ein Wochenende oder eine Woche ganz bewusst für sich zu reservieren.

Das ist besonders wichtig und hilfreich, wenn Sie im Beruf oder im Haushalt extrem viel arbeiten. Wenn Sie kleine Kinder zu versorgen haben oder Angehörige pflegen. Oder wenn Sie in Ihrer Arbeitswoche mit vielen bedürftigen Menschen konfrontiert sind.

Seien es die Kinder im Kindergarten oder in der Schule, oder deren Eltern, die Patienten oder Klienten, die von Ihnen sehr viel erwarten.

Und wenn Sie Ihre Energie, Ihr Wissen, Ihr Können, Ihr Einfühlungsvermögen und Ihre Kraft einsetzen und anderen geben und kaum Erfolgserlebnisse haben. Oder wenn Sie wenig Bestätigung und Anerkennung erleben.

Auch wenn Sie an Ihrer Arbeitsstelle mit Hektik, hohen Anforderungen, Ansprüchen und Zeitdruck konfrontiert sind und viel Ärger herunter schlucken über Kunden und Kundinnen, Kollegen und Kolleginnen und die Chefs, dann sind Aus- und Erholungszeiten besonders wichtig.

Ausgesprochen wichtig ist es dann, eine regelmäßige Rückzugszeit einzurichten und damit ganz konsequent für sich selbst zu sorgen, wenn Sie dass Gefühl haben, überhaupt keine freie Minute mehr zu haben und nur noch zu funktionieren.

Diese Zeit für uns selbst ist lebensnotwendig, wenn wir das Gefühl haben, sie uns auf keinen Fall nehmen zu können.

Bitte überdenken Sie, falls Sie in einer solchen Lage sind, genau, wohin Sie steuern, wenn Sie so weitermachen. Irgendwann sind die Batterien völlig leer und dann dauert es umso länger, sie wieder aufzuladen und sich zu regenerieren. Nehmen Sie also alle Warnzeichen, die Ihr Organismus Ihnen sendet, frühzeitig ernst und warten Sie nicht, bis Sie wirklich ausgebrannt oder krank geworden sind.

Orte für die Rückzugszeit – Orte der Stille

Der Ort, an den Sie sich zurückziehen, hängt davon ab, was Sie tun möchten oder was Ihr Thema ist.

Für eine kurze Atempause oder eine meditative Blitzübung können Sie sich sogar an Ihrem Schreibtisch, am Arbeitsplatz oder im Auto, an der roten Ampel, in der Warteschlange an der Kasse des Supermarktes, kurz nach innen zurückziehen und abschalten.

Wenn Sie am Arbeitsplatz oder unterwegs sind, können Sie eventuell Ihre Mittagspause dazu nutzen, hinaus zu gehen in die Natur oder an einen Ort, wo Sie einen Moment allein sein können und nicht auf andere reagieren oder eingehen müssen.

Kurz das gewohnte Tun unterbrechen und den Ort wechseln, an dem Sie sich normalerweise befinden, hilft, auf eine andere Ebene zu kommen.

Manchmal reicht es schon, aus dem geöffneten Fenster zu schauen, den Blick in die Ferne schweifen zu lassen oder die Augen zu schließen und einen „Kurz-Check" (S. 67) zu machen. Oder in der Pause hinauszugehen, in einen Park oder in eine ruhige Ecke eines Cafés, in eine Bibliothek oder in eine Kirche, in ein Museum oder auf einen Friedhof. Sie können auch mit dem Auto in eine ruhige Gegend oder Landschaft fahren, die Sie anspricht und die Ihnen guttut.

Für die kurzen oder längeren meditativen Übungen zu Hause können Sie sich an jeden Platz in Ihrer Wohnung zurückziehen, der Ihnen angenehm ist. In einen bequemen Sessel, ins Bett, in die Badewanne oder auf den Balkon. Sie können sich eine schöne Ecke in einem Zimmer einrichten, in der Sie täglich Ihre Übungen praktizieren. Sorgen Sie so gut es geht dafür, dass Sie nicht gestört werden. Schalten Sie den Anrufbeantworter an oder heften Sie einen Zettel an die Tür, dass Sie jetzt nicht gestört werden wollen.

Oder Sie suchen sich einen Ort in der Natur, in unmittelbarer Nähe Ihrer Wohnung, eine ruhige Stelle in Ihrem Garten oder im Park, im Wald oder auf einer Wiese, an einem Bachlauf oder auf einem Berg, von dem Sie eine gute Aussicht haben. All diese Orte können für Sie zu einem heilsamen Rückzugs- oder Meditationsplatz, zu Ihrem Ort der Stille werden.

Vielleicht ist ein Platz in der Natur ein Ort, der Ihnen vertraut ist und an dem Sie sich besonders wohlfühlen, für Sie der ideale Platz.
Oder Sie probieren etwas völlig Neues aus und lassen sich darauf ein, einem unbekannten Ort zu begegnen.
Möglicherweise fahren Sie an einen See, ans Meer, in den Wald, auf einen Berg oder an einen Fluss. Manchmal haben unbekannte Orte den Vorteil, dass wir aufmerksamer und achtsamer dort sind, weil wir uns noch nicht auskennen und deshalb offener sind all dem gegenüber, was uns dort begegnet.

Vor allem wenn Sie vorhaben, sich eine längere Zeit mit sich selbst zu beschäftigen, ist es manchmal hilfreich, an einen anderen Ort zu fahren. Einen Kurzurlaub in einem Gasthof oder ein paar Tage in einem Kloster buchen. Ein Kurs in einem Seminarzentrum oder einfach in der Ferienwohnung einer Freundin untertauchen.

Doch auch in den eigenen vier Wänden ist es möglich, sich eine stunden- oder taglange Rückzugzeit einzurichten. Dazu müssen Sie wahrscheinlich eine Zeit wählen, in der Ihre Familienangehörigen nicht zu Hause sind. Wenn die anderen bei der Arbeit oder in der Schule, auf Klassenfahrt oder auf Geschäftsreise sind.

Oder Sie bitten Ihre Familienangehörigen darum, Sie für einen Tag oder ein Wochenende alleine und in Ruhe zu Hause zu lassen.

Manche Plätze eignen sich besonders gut als Rückzugs- und Besinnungsorte, weil sie eine besondere Ausstrahlung und Heilkraft haben. Sie werden deshalb von sehr vielen Menschen aufgesucht, wenn sie alleine sein möchten oder sich still zurückziehen oder meditieren wollen.

Von manchen Orten fühlen vielleicht nur Sie sich angezogen, das ist dann Ihr ganz besonderer Kraftplatz (Anregungen für das Finden eines Kraftplatzes auf Seite 154).

Eine Rückzugzeit kann also überall stattfinden. Wenn Sie aber einen Ort auswählen, z. B. einen bestimmten Platz in Ihrem Zimmer oder im Garten, an den Sie sich täglich zurückziehen, um zu meditieren oder bei sich zu sein, dann lädt sich dieser Ort im Laufe der Zeit mit einer besonderen Energie auf und es gelingt an dieser Stelle dann immer leichter, in den emotionalen und geistigen Zustand der Stille zu gelangen.

Ein bestimmter Platz in Ihrer Wohnung, an dem Sie regelmäßig die Rückzugszeit verbringen, speichert diese Energie und Sie finden immer leichter an diesem Platz in einen ruhigen und meditativen Zustand.

Darum sind auch Orte, an denen Rückzugs- oder feierliche Stillerituale regelmäßig durchgeführt werden, wie z. B. Klöster, Kirchen, Meditationszentren, erfüllt von Energie, die es uns erleichtert, in einen meditativen Zustand der Einkehr bei sich selbst zu gelangen.

Aber auch bestimmte Landschaften können diese innere Ruhe und Einkehr unterstützen. Viele Menschen gehen heute den Jakobsweg und finden in der spanischen Landschaft auf den uralten Pilgerwegen leichter zu sich selbst, als an anderen Orten.

Doch es gibt auch hier in unserer Nähe viele nicht so bekannte Pilgerwege, zu Quellen oder zu Höhlen, auf Höhenzügen oder durch Wälder (Odenwald, Rheingau, Chiemsee).

Manche Orte haben eine besondere energetische Qualität, deshalb wurden an ihnen Kirchen und sakrale Räume gebaut. Oft wurde auf alten, schon unseren Ahnen bekannten heidnischen Kraftplätzen christliche Kirchen errichtet, da an diesen Orten besonders kraftvolle und heilsame Energien zu finden sind.

Durch die Jahrtausende währende Nutzung dieser Kraftplätze, an denen immer wieder heilige Handlungen und Zeremonien durchgeführt wurden, bündelt und erneuert sich die besondere Kraft immer wieder und kann von uns erspürt werden.

Wenn die Balance
nicht mehr stimmt

Nehmen Sie sich für den Anfang keine zu langen Zeiten oder zu weit entfernten Orte vor.

Wie viel Zeit Sie sich einplanen und an welchen Ort Sie sich begeben, hat, wie schon gesagt, auch mit dem Inhalt oder dem Thema zu tun, der Frage also: Um was soll es mir gehen in dieser Zeit ganz für mich alleine?

Will ich einfach nur mal abschalten, zur Ruhe kommen und nach innen lauschen, oder will ich mich gezielt mit einem Thema beschäftigen, das für mich gerade wichtig ist und ansteht?

2. Kapitel

Mini-Rückzug: einige Sekunden bis maximal 15 Minuten
– Erste Hilfe für Gestresste

1. Mini-Rituale und meditative Übungen

Als Erstes möchten wir Ihnen hier kurze Einstiegs-Übungen für den Alltag vorstellen. Es sind kleine Pausen- oder Minirituale, die Sie immer dann einschieben können, wenn Sie spüren, dass Sie gestresst sind, dass Ihre Gedanken sich im Kreis drehen und Sie das Gefühl haben, jetzt geht gar nichts mehr.

Sie können diese Übungen auch dazu nutzen, Ihre in den längeren Übungsformen und Meditationen erworbenen Fähigkeiten aufzufrischen und sie täglich zu praktizieren.

Sie brauchen für diese Übungen keine lange Vor- oder Nachbereitung, sie dauern nur wenige Sekunden oder

Minuten und haben dennoch eine sehr wichtige und heilsame Wirkung.

Sie können fast überall durchgeführt werden, wenn Sie alleine sind oder sich mitten unter anderen Menschen im Arbeitsalltag befinden.

Denn bei diesen Kurz-Formen geht es vorwiegend darum, die Wahrnehmungs-Antennen bewusst zu lenken. Dies ist ein Vorgang, der meist, außer wenn Sie die Augen schließen, von außen oder von anderen nicht beobachtbar ist.

MAXIMAL
5 MINUTEN

Unter diesem Symbol und in dieser Farbe finden Sie Übungen, die nur wenige Sekunden bis maximal 5 Minuten in Anspruch nehmen.

Diese Basis- oder Blitzübungen bringen Sie in kürzester Zeit auf eine andere Erlebens-Ebene. Sie helfen dabei abzuschalten, die Wahrnehmung auf etwas Neues zu richten und sich aus den nicht enden wollenden Gedankenkreisläufen oder von dem Stress zu befreien.

Sie machen wach und aufmerksam, fördern Konzentration und Klarheit. Sie bringen uns auf den Boden der Realität zurück und helfen uns dabei, uns zu erden und zu regenerieren, weil sie uns einfach und schnell aus der Gedankenwelt zum momentanen Erleben von Körper und Gefühl bringen.

Durch die achtsame Konzentration auf etwas anderes können sich die herumschwirrenden Gedanken beruhigen und Körper und Seele können sich entspannen.

Diese kleinen Übungen sind die ersten wichtigen Schritte auf dem Weg zu sich selbst.

Schon alleine durch diese bewusst gestalteten Augenblicke können wir eine neue Qualität des Erlebens erfahren.

Denn wir steigen durch sie aus unseren gewohnten Wahrnehmungs- und Denkmustern aus und lassen uns auf eine andere Erfahrungsebene ein, weil wir darauf verzichten, mit unseren Gedanken schon beim nächsten zu sein. Dabei wird auch das Pendeln – die Aufmerksamkeit nach innen oder außen zu richten – gefördert. Und es werden uns Alternativen und Möglichkeiten bewusst, die wir sonst nicht wahrgenommen hätten.

Mit diesen meditativen Blitzübungen üben Sie, im Hier und Jetzt und bei sich selbst anzukommen, abzuschalten und bewusst zu spüren, was Sie umgibt und was Sie innerlich fühlen und spüren.

Was ist jetzt?

Diese Übung hilft Ihnen, im Augenblick anzukommen und Ihre Wahrnehmungsantennen bewusst nach außen und nach innen zu richten, zu pendeln, um abzuchecken, was jetzt gerade wirklich los ist. Nehmen Sie sich 40 Sekunden bis eine Minute Zeit.

MAXIMAL 5 MINUTEN

Schauen Sie sich um. Was sehen Sie in Ihrem Umfeld? Lassen Sie Ihren Blick eine Weile schweifen, nehmen Sie aufmerksam und konzentriert einfach nur wahr, was Sie jetzt in diesem Augenblick sehen können. Benennen Sie das, was Sie sehen, still für sich.

(Ich sehe auf meinem Schreibtisch verschiedene Papiere und Bücher, jetzt wandert mein Blick zum Fenster, ich sehe, dass es draußen regnet ...)

Schließen Sie dann Ihre Augen und gehen Sie mit Ihrer Wahrnehmung nach innen. Achten Sie auf Ihren Atem, wie er kommt und wie er geht. Was bewegt sich, wenn Sie atmen, Ihre Brust, Ihr Bauch, Ihre Schultern? Was spüren Sie noch? Spüren Sie, wie Sie sitzen? Kribbelt es in der Nase oder merken Sie, dass Sie unruhiger oder ruhiger werden?

Stellen Sie einfach nur fest, was Sie wahrnehmen und spüren, ohne etwas zu verändern oder zu verbessern. So, wie es ist, ist es in Ordnung.

Jetzt sind Sie bei sich und in der Gegenwart angekommen. Nehmen Sie sich einen Moment Zeit, sich diese Erfahrung bewusst zu machen. Öffnen Sie dann wieder Ihre Augen und machen Sie da weiter, wo Sie vorhin unterbrochen haben.

Es kann sein, dass Sie schon durch diese bewusstere Art, da zu sein, langsam oder ganz plötzlich spüren, dass sich Ihre Wahrnehmung verändert. Vielleicht können Sie ahnen, dass Sie auf diesem Weg sich selbst und Ihr Alltagsleben mit anderen Augen sehen lernen. Denn Sie unterbrechen bewusst für wenige Sekunden oder Minuten Ihre gewohnte Art, im Leben zu stehen.

Sie unterbrechen eingefleischte Wahrnehmungs-, Denk-, Erlebens- und Handlungsmuster.

Mit dieser unspektakulären Übung kommen Sie in der augenblicklichen Realität an.

Für einen Moment können Sie spüren, dass es außer Ihren Gedanken und Anforderungen, die Sie oder die Umwelt an Sie stellen, was alles noch tun und zu erledigen ist, auch noch Sie selbst gibt.

Und dass es eine Realität gibt, die Sie, wenn Sie in Eile oder gestresst sind, kaum wahrnehmen. Eine Realität, die einfach nur ist, in Ihrer vollen Schönheit oder Hässlichkeit, je nachdem, wohin Sie schauen.

Den Atem spüren

Halten Sie mehrmals am Tag inne, um sich Ihres Atems bewusst zu werden. Dafür reichen 30 Sekunden bis eine Minute
völlig aus.

MAXIMAL
5 MINUTEN

Nehmen Sie wahr, wie Sie atmen, leicht oder schwer,
tief oder flach. Akzeptieren Sie zunächst, was immer
Sie in diesem Augenblick wahrnehmen, ohne etwas zu
verändern. Geben Sie sich die Erlaubnis, den Augenblick so sein zu lassen, wie er ist.
Falls Ihnen jetzt bewusst wird, dass Ihr Atem flach,
angespannt oder zu schnell ist, atmen Sie bewusst
zwei- bis dreimal tief aus und wieder ein.

Kurz-Check der inneren Ebenen

Nehmen Sie sich für diese Übung ein bis drei Minuten Zeit.

Schließen Sie Ihre Augen und richten Sie Ihre Aufmerksamkeit nach innen.

MAXIMAL 5 MINUTEN

Gehen Sie die Ebenen Körper – Geist – Gefühle nacheinander durch.

* Was spüren Sie jetzt gerade im Körper? Wie sitzen Sie, angespannt oder entspannt? Bekommen Sie genügend Luft oder sind Sie eingeengt? Haben Sie Durst oder das Bedürfnis, sich zu bewegen? Sorgen Sie bitte für eine bequemere Haltung, ein tiefes Durchatmen oder was Sie sonst brauchen.

* An was haben Sie gerade gedacht? Machen Sie sich bewusst, womit Sie sich gedanklich gerade beschäftigt haben. Ist es der Streit von vorhin oder die Freude auf den Feierabend? Machen Sie sich bewusst, wohin Ihre Gedanken ziehen und lassen Sie für den Augenblick los.

Konzentrieren Sie sich für zwei bis drei Atemzüge auf den Fluss Ihres Atems.

* Gehen Sie nun mit Ihrer Aufmerksamkeit zu Ihren Gefühlen.

Wie fühlen Sie sich jetzt gerade? Verärgert oder gelangweilt, unter Druck oder gelassen, zufrieden oder nörgelnd?

Stellen Sie einfach nur fest, wie Sie sich fühlen, ohne etwas daran zu verändern oder zu verbessern.

Beenden Sie die Übung, indem Sie sich kurz innerlich bewusst machen, was Ihnen gerade aufgefallen ist.
Öffnen Sie dann wieder die Augen. Sie sind wieder bereit für Ihren Alltag.

Dieser Moment, in dem Sie Ihre Antennen achtsam nach innen zu sich selbst richten und kurz spüren, wie es Ihnen gerade geht, hilft dabei, das gewohnheitsmäßige Präsentsein für alle anderen oder das Aktivsein zu unterbrechen und für einen Moment auszusteigen aus dem gewohnten Tun, eine kurze Pause einzulegen, nach Hause zu sich und in der Realität anzukommen. Vom Tun in das Sein zu kommen.

Gestatten Sie sich öfter am Tag diese kleinen Aussteigeübungen aus Ihren gewohnten Mustern.

Falls Sie sich etwas mehr Zeit für eine Pause nehmen können, dann probieren Sie die Übungen unter dem nachfolgenden Symbol aus.

5 BIS 15
MINUTEN

Unter diesem Symbol und dieser Farbe finden Sie Übungen, die zwischen fünf und 15 Minuten Zeit in Anspruch nehmen

Sich eine Ruhepause verordnen

Wenn Sie spüren, dass Sie nur noch am Rennen sind, Ihr Tempo erhöhen und sich antreiben. Wenn ein leiser Kopfschmerz oder leichter Schwindel, Übelkeit oder permanente Müdigkeit Ihnen signalisieren, dass Sie erschöpft sind und langsam an die Grenzen der Belastbarkeit stoßen.

Dann verordnen Sie sich bitte sofort eine Pause von mindestens zehn Minuten.

Stellen Sie sich einen Kurzzeitwecker und decken Sie ihn mit einem Kissen zu, damit Sie nicht erschrecken, wenn die Zeit um ist.

Vielleicht legen Sie sich eine ruhige Musik auf und dann legen Sie sich hin, auf das Sofa oder auf eine Decke auf den Boden und tun nichts mehr.

Schließen Sie die Augen und spüren Sie Ihren Atem. Entspannen Sie den Körper und lassen Sie Ihre Gedanken und Sorgen los. Später können Sie weiter darüber nachdenken. Stellen Sie sich jetzt bildlich eine Situation vor, in der es Ihnen rundum gut ging.

5 BIS 15 MINUTEN

Oder reisen Sie innerlich zu einem wunderbaren Urlaubsort, an dem Sie sich besonders gut entspannen und erholen können. Stellen Sie sich das Meer vor oder die klare Luft und den Weitblick auf einem hohen Berg. Ein Ort, an dem Sie sich wohlfühlen, an dem Sie sich erholen und neue Energie tanken können. Lassen Sie alle Bilder zu, die in Ihnen ein Gefühl von Behagen und Entspannung hervorrufen.

Diese Übung nutzt Ihre Vorstellungskraft, damit Sie sich entspannen und regenerieren können. Sie ist vor allem wichtig, wenn Sie keine regelmäßigen Pausen haben, falls Sie zu Hause arbeiten oder selbstständig sind, wenn Sie Hausfrau sind oder sich um kleine Kinder oder pflegebedürftige Familienangehörige kümmern.

Wenn Sie berufstätig sind, dann nehmen Sie sich bitte konsequent Ihre Pausenzeit und zwacken Sie keine Sekunde davon ab, indem Sie noch in der Pause über die Arbeit nachdenken.

Die Arbeitspausen und Ihr Feierabend stehen Ihnen zu.

Diese Zeit gehört nur Ihnen. Sie ist zum Regenerieren da und nicht dazu, innerlich weiterzuarbeiten und das tun Sie, wenn Sie sich in der Freizeit weiter Gedanken über die Arbeit machen.

Widerstehen Sie auch den Impulsen, noch schnell die Spülmaschine auszuräumen, die Briefmarken auf den Brief zu kleben, noch schnell einen Anruf zu tätigen. Und sich selbst zu vertrösten, gleich, wenn das fertig getan oder geplant ist, werde ich mich ausruhen.

Doch wir sind niemals mit allen Arbeiten fertig, es gibt immer noch etwas zu tun, das sollten wir uns bewusst machen.

Also nehmen Sie alle Warnzeichen Ihres Organismus ernst und sorgen Sie sofort für eine Pause. Warten Sie nicht, bis eine Migräne, ein verstauchter Knöchel, Rückenschmerzen oder eine Krankheit Sie dazu zwingen, eine Pause einzulegen. Sie brauchen keine Alibis, um sich auszuruhen und zu regenerieren, auch wenn wir oft irrtümlich glauben, wir dürften uns nur zurückziehen und ruhen, wenn wir krank sind.

Die Natur erleben

Gehen Sie, wenn möglich, in einer Pause hinaus in die Natur. Oder schauen Sie zumindest aus dem geöffneten Fenster. Suchen Sie sich einen Platz, an dem Sie sich wohlfühlen. Das kann eine Parkbank sein oder ein Holzstapel im Wald, eine Wiese am Bachlauf oder ein Berg, von dem aus Sie in die Ferne schauen können. Sie können aber auch auf einem Parkplatz aus dem geöffneten Autofenster schauen, falls es regnet oder Sie keine Zeit oder Lust zum Aussteigen haben.

Nehmen Sie wahr, was Sie in der Natur umgibt, achten Sie auf die Geräusche, die Gerüche, die Farben. Warten Sie still ab, was geschieht. Oder was Ihnen begegnet. Seien Sie offen für alles, was ganz von alleine geschieht. Nehmen Sie alles an, ob es ein vom Wind bewegtes Blatt ist, was Ihnen auffällt oder die Ameisen auf dem Boden. Vielleicht können Sie den Flug eines Vogels beobachten oder das Summen einer Biene hören. Das Zwitschern von Vögeln oder das Rattern eines Zuges.
Lassen Sie sich Zeit, alle Eindrücke an diesem Ort auf- und wahrzunehmen.

5 BIS 15
MINUTEN

Machen Sie sich am Ende dieser Achtsamkeitssequenz bewusst oder, noch besser, schreiben Sie auf, was Ihnen begegnet ist, bevor Sie sich wieder in Ihr normales Leben begeben. Machen Sie sich bewusst, was das Wichtigste war, das Sie gerade erfahren, entdeckt, erlebt haben.

(Beispiel: Die Sonne scheint warm auf meine Haut. Jetzt setze ich mich ins Gras. Das Gras ist hellgrün, es fühlt sich noch etwas feucht an. Vor mir wachsen viele gelbe Blumen mit gezackten Blättern. Die Blätter sehen stachlig aus, sind aber, wenn ich sie berühre, ganz weich. Neben mir trägt der Wind die leichten Samenstände davon. Ich schaue ihnen nach.

Wie fühle ich mich dabei? Die Leichtigkeit spricht mich an, scheinbar mühelos finden die Samen ihren Weg. Ich schaue ihnen nach in den weiten blauen Himmel und eine Sehnsucht befällt mich, nach Zeit, Freiheit und Leichtigkeit.

Und in diesem Augenblick wird mir klar – sie ist jetzt gerade da! Die Freiheit vom Tunmüssen, von Zeit- und Arbeitsdruck, die Leichtigkeit des Augenblicks. Ich kann den Wolken zuschauen, den Wind und die warme Sonne auf der Haut spüren, den herben Geruch des Löwenzahns riechen.

Das Summen von Bienen in der Luft und das Zwitschern von Vögeln hören. Ein ruhiges, dankbares Gefühl steigt in mir auf. In diesen Augenblicken habe ich etwas Wesentliches wieder gefunden. Ich spüre, dass ich lebe, dass ich intensiv und in Ruhe etwas wirklich empfinden kann. Und dass ich selbst es bin, die mich normalerweise davon abhält, den Augenblick wahrzunehmen und zu genießen.)

2. Der Weg über die Gedanken

Wer leidet nicht unter dem ständigen inneren Gerede, dem nicht ruhenden Geist, den Selbstgesprächen, in denen wir uns die Realität erklären, uns beschäftigen mit vergangenen Ereignissen oder mit dem, was in der Zukunft liegt.

Da es sehr schwierig ist, nicht zu denken, brauchen wir kleine Tricks, wie wir aufhören können, pausenlos innerlich zu plappern und damit uns selbst zu beeinflussen, uns zu bewerten, uns anzutreiben und unsere Energie zu verschwenden. Das ständige gedankliche Beschäftigtsein hindert uns daran, wirklich in der Realität anwesend zu sein und das zu erleben, was ist. Meist sind wir mit Wünschen, Vorstellungen oder Phantasien in Kontakt, die wir uns über uns und die anderen gemacht haben, aber nicht am momentanen Punkt in der Realität.

Eine Möglichkeit, unseren Geist zur Ruhe zu bringen, ist, die volle Aufmerksamkeit auf etwas in uns oder in unserem Umfeld zu richten und damit den Fluss der Gedanken zu kanalisieren und zu konzentrieren.

Den Geist beruhigen

Hier beschreiben wir Ihnen zwei Übungen, mit denen Sie Ihre Aufmerksamkeit lenken und auf einfache Weise Ihren Geist beruhigen können.

MAXIMAL 5 MINUTEN

Richten Sie Ihre Aufmerksamkeit auf Ihre Hände, schließen Sie die Augen und lassen Sie eine Hand die andere berühren. Tasten Sie mit den Fingerkuppen über die Außen- und Innenfläche der anderen Hand. Spüren Sie, wie es sich anfühlt, wenn sich Ihre Finger sanft berühren, streicheln, reiben oder verschränken. Achten Sie auf die unterschiedlichen Empfindungen, wenn Sie die Fingerspitzen oder die Handflächen zusammenlegen oder langsam voneinander entfernen. Vielleicht spüren Sie Wärme oder Kälte, raue oder glatte Hautstellen. Lassen Sie sich Zeit, Ihre Hände zu entdecken.

Sie können diese Übung abwandeln, indem Sie Ihre Aufmerksamkeit auf etwas in Ihrer Umgebung richten.

MAXIMAL 5 MINUTEN

Nehmen Sie achtsam, interessiert und so intensiv es Ihnen möglich ist, Dinge aus Ihrer Umgebung wahr. Das kann ein Baum, eine Kerzenflamme, der Duft einer Rose, Wolkengebilde, das Gras unter Ihren Füßen sein. Oder der Stoff Ihrer Bluse, der Geruch von frischem Kaffee oder ein Lied aus dem Radio.

Durch diese kurzen Unterbrechungen des Gewohnten können Sie abschalten und üben, Ihre Gedanken zur Ruhe zu bringen.

Wir brauchen also etwas, auf das wir uns konzentrieren, auf das wir uns für den Augenblick ganz einlassen können, damit die Gedankenkreisläufe unterbrochen werden.

Dies ist die wesentliche Haltung in der Meditation, nichts weiter tun, als wahrzunehmen, was gerade ist. Für Momente hören wir dadurch auf, uns anzustrengen, um irgendwo hin zu kommen, uns zu stressen oder anzutreiben, uns zu ängstigen oder zu sorgen. Oder uns irgendwohin zu träumen.

Wir wechseln den Modus und können spüren, dass wir angekommen sind in diesem Augenblick, im Hier und Jetzt. Und dies ist ein sehr beruhigendes und bereicherndes Gefühl, zu spüren: Das ist es. Nicht mehr und nicht weniger, als in der Gegenwart zu sein; die Vergangenheit ist vorbei, die Zukunft ist noch nicht da.

Vielleicht gelingt Ihnen diese Übung nur für wenige Sekunden, doch Sie können mit dieser einfachen Anregung lernen, immer längere Zeitspannen Ihre Gedanken zur Ruhe zu bringen, abzuschalten, um Dinge wahrzunehmen, die Ihnen sonst verborgen bleiben.

Den Gedanken zuhören

Diese Übung soll Ihnen dabei helfen, bewusst wahrzunehmen, über was und wie Sie gewohnheitsmäßig denken.

Ob Sie eher bewerten und kritisieren oder ob Sie liebevoll und unterstützend über sich selbst und andere nachdenken. Ob Sie sich eher antreiben, mit Konflikten beschäftigen, sich sorgen, sich schlecht machen oder nach kreativen Lösungen suchen.

Schließen Sie für einige Minuten die Augen und richten Sie Ihre Aufmerksamkeit auf Ihre Gedanken. Welche Gedanken schwirren durch Ihren Kopf? Was erzählen Sie sich gerade? Beschäftigen Sie sich mit vergangenen Ereignissen oder sind Sie schon in der Zukunft, beim nächsten Weihnachtsfest oder dem Urlaub? Oder denken Sie darüber nach, dass Ihnen vorhin jemand die Vorfahrt genommen hat? Dass Sie schon wieder in der Schlange an der Kasse stehen, an der es nicht weitergeht? Oder dass ein lieber Freund Sie gerade angerufen hat? Oder erzählen Sie sich, dass Ihnen heute wieder einmal nichts gelingt und Sie selbst oder die anderen schuld daran sind.

Gibt es Themen, über die Sie besonders gerne nachdenken? Etwa, wie Sie Ihre große Liebe gefunden haben oder dass Sie enttäuscht oder betrogen worden sind?

Die Wirkung der Gedanken – ein Experiment

Nehmen Sie sich eine Minute Zeit zu spüren, wie Sie jetzt gerade atmen, wie Sie sitzen und wie gespannt oder entspannt Sie sind und wie Sie sich gerade fühlen. Stellen Sie den Ist-Zustand fest.

Denken Sie dann an ein Ereignis, bei dem Sie sich wohl- und bestätigt gefühlt haben? Welche Menschen waren anwesend, um was ging es, wie haben Sie sich gefühlt? Lassen Sie sich einige Minuten Zeit, ein schönes Erlebnis in Ihrem Inneren wieder auftauchen zu lassen.

MAXIMAL 5 MINUTEN

Gehen Sie dann mit Ihrer Aufmerksamkeit wieder zu Ihrer Atmung, zum Körper, zu den Gefühlen. Was spüren Sie jetzt in Ihrem Gesicht, im Körper, wie fühlen Sie sich? Sind Sie angespannt oder fühlen Sie sich gerade gelassen und freudig?

Es kann sein, dass Sie feststellen können, dass alleine die Erinnerung an die gute Erfahrung in Ihnen ein entspanntes, freudiges und glückliches Gefühl ausgelöst hat. Dass also Ihr Körper und Ihre Gefühle auf Ihre Gedanken reagiert haben.

Spüren Sie jetzt wieder Ihren Körper, Ihren Atem und entspannen Sie sich.

Erinnern Sie sich jetzt an eine Situation, in der Sie sich über jemanden sehr geärgert oder aufgeregt haben. Stellen Sie sich auch diese Situation so lebhaft wie möglich vor. Wer war daran beteiligt, um was ging es?

Achten Sie dann wieder darauf, wie sich Ihr Körper dabei anfühlt. Geht Ihr Atem ruhig und gelassen oder spüren Sie, dass Sie schneller atmen oder die Luft anhalten? Können Sie Anspannungen, Druck, Verspannungen oder Schmerzen spüren? Welche Gefühle sind in Ihnen, Wut, Ärger, Ohnmacht?

Vielleicht können Sie spüren, dass die Erinnerung, das Denken an diese unangenehme Situation, Sie wieder hineinversetzt in die Gefühle und in die körperlichen Empfindungen.

Jeder Gedanke hat Einfluss auf unser Erleben, unsere Gefühle und unseren Körper.

Wenn wir uns gewohnheitsmäßig antreiben und hetzen, oder uns mit Erlebnissen beschäftigen, die uns aufregen, die uns verletzt haben oder in denen wir versagt haben, kommen wir ganz schnell in einen gehetzten und angestrengten, einen aufgeregten und wütenden oder in einen traurigen und verletzten Gefühlszustand.

Und unser Körper reagiert auch so, als wären wir in der unangenehmen Situation. Es werden Stresshormone ausgeschüttet, wir halten den Atem an, verspannen die Muskulatur, so als wären wir jetzt gerade angegriffen worden und müssten uns zur Wehr setzen oder flüchten.

Wenn wir uns also gewohnheitsmäßig weiter über einen Streit ärgern, uns innerlich immer wieder die gleiche Geschichte erzählen, dann halten wir uns in den aufgeregten und wütenden, angstvollen oder traurigen und unglücklichen Gefühlen fest.

Mini-Rückzug

Wir verschwenden auf diesem Weg ganz viele geistige, emotionale und körperliche Energien und wundern uns oft, wie ausgelaugt und kraftlos wir uns fühlen.

Wenn uns bewusst ist, welche Wirkung unsere Gedanken auf uns haben, dann können wir die Verantwortung dafür übernehmen, über was wir nachdenken und wie wir uns damit selbst beeinflussen. Und wir können lernen, besser für uns zu sorgen.

Sich geistig abgrenzen und schützen lernen

Um aus den alltäglichen Gedankenkreislauf herauszukommen oder sich im Zusammensein mit anderen Menschen innerlich abzugrenzen, hat es sich bewährt, sich einen Schutzkreis vorzustellen.
Die bildhafte Vorstellung eines Kreises, in dem wir geschützt und geborgen sind, hilft uns in Stresssituationen, blitzschnell umzuschalten und uns körperlich und geistig zu entspannen.

Dazu können Sie sich einen Schutzkreis rund um sich herum vorstellen, in dem Sie ganz bei sich sind und der Sie von der Außenwelt für eine gewissen Zeit abschirmt.

Setzen Sie sich entspannt hin, schließen Sie die Augen, atmen Sie tief durch und schicken Sie die Frage in Ihr Inneres, zu Ihrer Intuition.
Wie sieht mein Schutzkreis zurzeit aus?
Warten Sie einen kleinen Moment, was in Ihnen auftaucht.
Manchmal kann es sein, dass Sie noch etwas zusätzlich brauchen, um sich in diesem vorgestellten Kreis geborgen und beschützt zu fühlen. Stellen Sie sich das vor, was Ihnen hilft.
Genießen Sie es dann, sich in diesem geschützten Kreis aufzuhalten.

Sie können selbstverständlich auch die Anregungen zu Schutzkreisbildern oder Schutzräumen aufgreifen, die wir hier beschreiben.

Der Schutzkreis könnte aus weißem Licht bestehen oder aus einer Rosenhecke, es könnte ein Flammenkreis sein oder eine einsame Insel, die Sie abschirmt vom normalen Alltagsgeschehen. Oder eine Burg mit Burggraben und einer Zugbrücke, die Sie für den Moment hochziehen und damit niemandem Eintritt gewähren.

Sie können sich einen Ring aus goldenem Licht vorstellen. Einen farbigen Mantel der großen Göttin. Oder einen Lichtkegel, bestehend aus Schönheit, Ruhe und Frieden, der Sie vollständig einhüllt und Sie überallhin begleitet.

Es könnte ein magisches Zimmer sein, das nur Ihnen gehört. Mit Fenstern und Türen, die nur Sie öffnen können.

Es könnte die Vorstellung Ihres Bettes sein, die Ihnen ein Gefühl von Geborgenheit vermittelt.

Die bildhafte Vorstellung eines Geborgenheit und Schutz schenkenden Ortes kann uns blitzschnell in einen emotional und körperlich entspannten Zustand versetzen.
Diesen Schutzort können wir dann im Alltag immer dann abrufen, wenn wir uns von anderen Menschen und deren Ansprüchen abgrenzen, uns vor fremden Energien schützen wollen oder wenn wir uns unsicher fühlen.

Selbstsuggestionen

Wir alle kennen Selbstsuggestionen, mit denen wir uns wie in Trance versetzen. Wenn wir uns ständig negativ programmieren, indem wir uns innerlich erzählen, wie knapp die Zeit ist; wie viel noch zu erledigen ist; wie schlecht wir wieder geschlafen haben; dass die Kinder uns nur ärgern wollen oder der Partner und die Kollegin uns ständig kritisch beäugen. Dass sie uns noch mehr Arbeiten zuschustern und sich selber gekonnt davor drücken. Dass wieder mal alles schief läuft und wir die Dummen sind. Dass es allen anderen viel besser geht als uns selbst.

Damit erreichen wir, dass wir uns anstrengen, frustriert sind und uns antreiben, Druck aufbauen, uns durch den Alltag hetzen und die letzten Kraftreserven mobilisieren.

Obwohl wir damit oft keinen wirklichen Erfolg haben und eher resigniert, frustriert und unzufrieden sind. Unsere Arbeit geht uns mit dieser Methode auf keinen Fall leichter von der Hand, im Gegenteil, wir machen sie uns zusätzlich schwer, weil wir uns innerlich in eine gehetzte, angespannte und unzufriedene Stimmung versetzen.

Probieren Sie deshalb einmal das Gegenteil aus.

Unterstützende Suggestionen

Versuchen Sie folgende Selbstsuggestionen:
- Ich bin ganz ruhig und entspannt!
- Mir gelingt alles, was wirklich wichtig ist!
- Ein Schritt nach dem anderen!
- Ich spüre Gelassenheit und Selbstvertrauen!
- Ich vertraue auf meine innere Kraftquelle und die Weisheit meines Herzens!

MAXIMAL 5 MINUTEN

Sagen Sie sich immer wieder einmal einen dieser Sätze. Oder schreiben Sie einen eigenen Satz, der Ihnen guttut, auf einen Notizzettel.

Kleben Sie diesen Zettel mit den unterstützenden Suggestionen entweder in Ihren Terminkalender, an den Spiegel, ans Armaturenbrett Ihres Autos oder an den Kühlschrank.

Nehmen Sie einen Satz, der bei Ihnen eine positive Resonanz auslöst, der Ihnen guttut, Sie entspannt und entstresst, der Ihnen signalisiert: So wie ich bin, bin ich in Ordnung!

Spüren Sie nach, ob und welche Wirkung diese unterstützenden Sätze bei Ihnen haben. Es kann sein, dass sie Ihnen helfen, sich zu entspannen und zur Ruhe zu kommen. Wenn nicht, probieren Sie etwas anderes aus.

Wenn Sie es eilig haben – machen Sie langsam

Dies klingt wie ein Widerspruch. Doch probieren Sie es aus. Immer wenn Sie spüren, dass Sie sich innerlich hetzen und antreiben, probieren Sie Folgendes:

Sagen Sie sich innerlich immer wieder:

Ich habe alle Zeit der Welt und mache einen Schritt nach dem anderen! Ich habe Urlaub! Es geht leichter, wenn ich mir Zeit lasse. Ich kann alles viel besser in einem ruhigen und gelassenen Tempo erledigen.

Die Wirkung kann sein, dass Sie sofort spüren, wie das gehetzte Gefühl nachlässt und Sie durchatmen, ruhiger werden und nach und nach die Dinge tun, die Sie vorhatten. Vielleicht können Sie spüren, wie Sie sich entspannen und mit neuen Augen sich selbst und Ihr Umfeld sehen.
Und in der Tat, mit der ruhigen Einstellung wird Ihnen mehr gelingen als mit der Hetzerei, die den Blutdruck steigen lässt, Adrenalin ausschüttet und Sie fahrig und unkonzentriert macht.
Es kann sein, dass es Ihnen sofort gelingt, den inneren Einstellungswandel zu vollziehen. Es kann aber auch sein, dass Sie diese Gedanken und Bilder eine Weile wiederholen und sie einüben müssen, bis Sie eine Wirkung spüren können.
Vielleicht entdecken Sie auch, dass Sie sich in viel zu kurzer Zeit zu viel vorgenommen haben. Dann überdenken Sie bitte Ihre Zeitpläne und sorgen Sie besser für sich.
Möglicherweise regen Sie solche Selbstsuggestionen aber noch mehr auf, dann probieren Sie etwas anderes.

3. Der Weg über die Sinne – die Sinne schärfen

Mit den folgenden meditativen Übungen können Sie lernen und üben, zur Ruhe zu finden, indem Sie sich ganz auf Ihre Sinne konzentrieren.

Im ersten Schritt verlangsamen Sie das normale Tempo und nehmen eines nach dem anderen wahr, ohne eine Absicht und ohne ein Ziel zu verfolgen.

Sie brauchen nirgendwo hinzukommen, müssen nichts erreichen, verbessern oder sich bemühen.

Einfach sehen oder hören, schmecken, riechen oder tasten. Das Wahrgenommene für sich benennen und zum Nächsten weitergehen.

Folgen Sie dem Fluss Ihrer Aufmerksamkeit in einer akzeptierenden Haltung.

Klar erkennen und anerkennen, dass das, was jetzt gerade geschieht, das ist, was es ist. Nicht mehr und nicht weniger. Es ist, wie es ist.

Erlauben Sie sich ruhig und gleichmütig, alle Pläne, Vergleiche, Ziele oder Kritik für den Moment loszulassen und ganz im gegenwärtigen Augenblick zu sein.

Nur beobachten, ohne zu reagieren, zu bewerten oder zu urteilen.

Auch die größten Veränderungen in unserem Leben geschehen oft nicht durch absichtliches Tun, sondern zunächst durch Annehmen von dem, was ist. Lassen Sie also los und lassen Sie zu, was ist.

Ein Liedtext von Arunga Heiden, aus der CD „VerWandlungen",
beschreibt sehr anschaulich diese Art der Veränderung:
„Wenn ich wirklich höre, lass ich mich berühren,
wenn ich wirklich schaue, ändert sich mein Blick,
wenn ich wirklich gehe, atme ich das Leben,
wenn ich wirklich lasse, wird VerWandlung sein. "

Im zweiten Schritt können Sie bewusst spüren, was die visu-
ellen, akustischen oder taktilen Eindrücke in Ihnen auslösen.
Welche Resonanz, welche Stimmungen und Gefühle können
Sie spüren, wenn Sie sich klar machen, was Sie in diesem
Augenblick außerhalb und/oder in sich wahrnehmen?

Bei diesen kleinen Übungen können Sie erfahren, wie inten-
siv und ganzheitlich Sie auf sinnliche Wahrnehmung reagie-
ren.
Nicht nur unsere Augen sehen, unsere Ohren hören, unsere
Zunge schmeckt, unsere Nase riecht, unsere Haut und der
Körper spüren.
Im Inneren verbinden wir diese Eindrücke blitzschnell mit
den gespeicherten Erfahrungen und reagieren gefühlsmäßig
und ganzheitlich darauf.
Wenn wir uns Zeit dafür nehmen, können wir merken, welche
Wirkung die mannigfaltigen Eindrücke, die wir ständig aufnehmen, auf uns haben.
Vielleicht hilft uns das, achtsamer damit umzugehen, was wir
uns täglich an Nachrichten, Horrormeldungen oder höchst
unwichtigen Informationen oder Werbebotschaften zumuten. Oder wie wir uns selbst mit eingefleischten Vorstellungen unter Druck setzen.

Mini-Rückzug

Unsere Seele ist immer offen und nimmt alles auf, darum ist es so wichtig, dass wir lernen, auszuwählen und nicht alles ungefiltert in uns eindringen zu lassen.

Wir können dann auch besser nachvollziehen und verstehen, weshalb wir uns manchmal ohne ersichtlichen Grund beschwingt oder traurig, gehetzt oder gelangweilt fühlen.

Sehen und die innere Resonanz spüren

Viele Menschen machen bei diesen Übungen die Erfahrung, dass die Wahrnehmung von Farben und Formen, Schönheit und Vollkommenheit, Ästhetik und Klarheit, aber auch Unordnung und Chaos sich im Inneren widerspiegeln und die Stimmung oder das Wohlbefinden positiv oder negativ beeinflussen.

Nehmen Sie sich einige Minuten Zeit, um wirklich zu sehen. Sie können diese Übung überall machen, draußen oder drinnen, wenn andere Menschen in ihrer Nähe sind oder wenn Sie alleine sind. Wenn Sie im Auto oder in der Bahn sitzen, oder wenn Sie irgendwo warten müssen. Oder wenn Sie einfach abschalten wollen.

Dazu richten Sie Ihre volle Aufmerksamkeit auf das, was Sie über die Augen jetzt, in diesem Augenblick, wahrnehmen können. Sie können daraus ein kleines Ritual machen, indem Sie sich vornehmen, mindestens einmal täglich diese Mini-Übungen zu praktizieren.

Achten Sie darauf, was Sie jetzt in diesem Augenblick sehen und benennen Sie es still für sich.

MAXIMAL 5 MINUTEN

(Beispiel: Jetzt sehe ich vor meinem Fenster einen Baum, ich sehe, wie sich die hell- und dunkelgrünen Blätter im Wind bewegen, die Rinde des Baumes ist glatt und an manchen Stellen aufgeplatzt, ich sehe am blassblauen Himmel weiße und hellgraue Wolken, die langsam vorüberziehen ...)

Beobachten Sie so genau es Ihnen möglich ist und beschreiben Sie innerlich Ihre Wahrnehmung so präzise wie möglich, wie ein Künstler, der ein Bild davon malen möchte. Lernen Sie zu sehen, wie ein Maler sieht.

Die Einzelheiten, die Farbschattierungen und den Gesamteindruck anschauen ohne zu werten oder zu vergleichen, nach dem Motto, „das eine Blatt ist schöner als das andere …"

Lassen Sie sich Zeit, möglichst genau zu sehen und für sich innerlich die Wahrnehmung zu benennen.

Fragen Sie sich jetzt: Was löst dieses achtsame Sehen oder Beobachten in mir aus?

(Es könnte ein Gefühl sein: Ich fühle mich ruhig, wach und lebendig beim Anblick der von der Sonne beschienenen Blätter.

Eine Erinnerung könnte hochsteigen: Der Anblick erinnert mich an zufriedene Tage in meiner Kindheit, Sonntage voller Muße und Stille.

Eine Erkenntnis oder Einsicht: Ich sehe darin ein Bild der Ewigkeit, jedes Jahr entfalten sich im Frühjahr unzählige Blätter, die sich dann im Herbst gelb und braun färben, abfallen und Platz machen für die neuen Knospen.

Eine Aufforderung: Ich sollte dringend die zur Nachbarin überstehenden Äste abschneiden … falls es Ihr Baum ist …

Ich könnte mich auf der Stelle in einen veränderten ruhigeren Gemütszustand versetzt fühlen, weil ich aufhöre, mich innerlich zu stressen und anzutreiben, indem ich ganz bewusst meine Wahrnehmung konzentriere auf das Sehen und nach innen spüre, welche Resonanz in mir ausgelöst wird.)

Achtsames Sehen

Mit dieser kleinen Übung können Sie lernen, genau hinzuschauen und die Ausstrahlung von Dingen ganzheitlich zu erfassen.

MAXIMAL 5 MINUTEN

Achten Sie auf die Farben und Formen der Dinge in Ihrer Umgebung.

Schauen Sie genau hin, prägen Sie sich das Abbild der Lampe ein oder das Teppichmuster, die Form des Baumes, seine Farbe, die Struktur der Rinde, die Form der Blätter, die Farbe des Himmels oder der Wolken.

Schließen Sie dann die Augen. Versuchen Sie, vor Ihrem inneren Auge den jeweiligen Gegenstand oder das, was Sie gerade beobachtet haben, noch einmal zu sehen und zu beschreiben.

Wenn es Ihnen nicht gelingt, öffnen Sie erneut die Augen, schauen Sie nach und vervollständigen Sie dann, mit wiederum geschlossenen Augen, Ihr inneres Bild.

Spüren Sie nach: Welche Wirkung und Ausstrahlung hat die Lampe auf Ihrem Schreibtisch, die Farbe des Teppichs, die Form des Sessels, die Unordnung oder Ordnung in einem Raum, den Sie anschauen? Erinnert Sie das Angeschaute an etwas? Und reagieren Sie gefühlsmäßig auf das, was jetzt gerade ist oder auf Ihre Erinnerungen?

Nehmen Sie sich Zeit, die Ausstrahlung, die Wirkung und die Besonderheit der Gegenstände, die Sie umgeben, bewusst wahrzunehmen. Erweitern können Sie diese Übung, indem Sie auch die Menschen, die Ihnen begegnen, genau anschauen und sich Ihre innere Resonanz bewusst machen.

Hören und die innere Resonanz spüren

Unser Gehör ist offen und sensibel, die Ohren können wir nicht verschließen wie die Augen. Unsere Ohren sind wachsam und informieren uns sofort über das, was wir vielleicht noch gar nicht sehen, aber bereits hören können.
Schritte, Kinderlachen, Stimmen im Hausflur, der Flügelschlag eines Vogels, das Summen einer Biene oder das Surren einer Steckmücke.

Indem wir die Wahrnehmungsfähigkeit unserer Ohren sensibilisieren, können wir lernen, tief hineinzutauchen in die Welt der Schwingungen, der Töne, der Harmonien. Und wir können herausfinden, auf was wir ansprechen, welche Tonlage bei einer menschlichen Stimme in uns positive oder negative Erinnerungen, Stimmungen und Gefühle auslöst.

Der Hörsinn ist schon früh im Mutterleib entwickelt und oftmals ist er der Sinn, der als letzter in der Stunde des Todes erlischt.
Das Hören von Tönen ist der direkte Draht zu unserem tiefen Unbewussten. Töne berühren alte Gefühle und können längst vergessene Bilder und Stimmungen wieder hervorlocken. Wir reagieren auf das, was über unsere Ohren zu uns dringt, mit positiven oder negativen Gefühlen.
Auch unser Körper reagiert blitzschnell mit Anspannung, auf der Hut sein oder Adrenalinausschüttung, wenn uns ein lautes oder Gefahr signalisierendes Geräusch erreicht.

Machen Sie sich also sehr bewusst, was Sie täglich über Ihre Ohren in Ihr Innerstes einlassen und wählen Sie ganz bewusst Töne und Melodien, die Ihnen guttun und die Sie bereichern.

Gönnen Sie sich und Ihren Ohren immer wieder einmal am Tag Stille. Oder verwöhnen Sie sich mit angenehmen und wohltuenden Geräuschen, vor allem, wenn Sie viel unangenehmem Lärm ausgesetzt sind.

Geräusche und Töne lassen uns auch ganz schnell in der Zeit zurückkehren, uns erinnern an Orte, Begebenheiten und Menschen, die uns wichtig waren. Wenn Sie also vergrabene Schätze in sich heben wollen, kann Musik Ihnen dabei helfen.

Nehmen Sie sich einige Minuten Zeit, um wirklich zu hören. Diese Übung können Sie überall machen.

Achten Sie darauf, was Sie jetzt, in diesem Augenblick, hören und benennen Sie still für sich Ihre Wahrnehmung.

MAXIMAL
5 MINUTEN

(Beispiel: Jetzt höre ich ein vorbeifahrendes Auto, das Geräusch schwillt an und verebbt, jetzt höre ich aus der Nachbarwohnung leise Stimmen, jetzt höre ich die Heizung gluckern, die Uhr ticken, ein Flugzeug dröhnen, einen Vogel zwitschern …)

Fragen Sie sich jetzt: Was lösen diese Geräusche in mir aus? Welche Gefühle, Gedanken, Handlungsimpulse, Erinnerungen werden durch die Geräusche ausgelöst?

(Es könnte ein Gefühl ausgelöst werden: Ärger über den Straßenverkehr. Eine körperliche Reaktion: Unwillkürlich versuchen meine Ohren, sich eng zu machen, um sich zu schützen vor dem metallischen Geräusch. Es könnte ein Handlungsimpuls ausgelöst werden: Ich gehe und schließe das Fenster. Es könnte eine Erinnerung ausgelöst werden: Als ich früher auf die Eltern gewartet habe und jedes ankommende Fahrzeug mein Interesse geweckt hat oder meine Enttäuschung, wenn es vorbei gefahren ist …)

Achtsames Hören

Mit dieser kleinen Übung können Sie Ihren Hörsinn anregen.

MAXIMAL
5 MINUTEN

Hören auf die Natur: Hören Sie bewusst und achtsam auf Naturgeräusche und machen Sie sich bewusst, was dies in Ihnen bewirkt.

Das Rascheln der Blätter im Wind, das Prasseln des Regens, das Donnergrollen, Vogelstimmen, das Zirpen der Grillen, das Bellen eines Hundes, das Gluckern der Wellen am See, das Rauschen des Meeres, das Krähen eines Hahns ...

Ungewohnte Töne ganzheitlich erfahren

Diese Übung kann Ihnen dabei helfen, abzuschalten und auf andere Gedanken zu kommen. Ihre Aufmerksamkeit wird nach innen gelenkt auf Ihren Körper und Ihre Gefühle. Sie kommen dadurch in sich selbst an und zentrieren sich damit.

Machen Sie selbst ungewohnte Töne: Summen, surren, zischen, lallen Sie, oder stimmen Sie Vokale an. Experimentieren Sie mit der Lautstärke und der Tonhöhe.

MAXIMAL
5 MINUTEN

Wie fühlt es sich an, wenn Sie laut seufzen, knurren, Buchstaben oder Silben ohne Sinn vor sich hinbrabbeln, ein A laut anstimmen oder ganz leise, oder innerlich und fast unhörbar ein M?

Wo im Körper erleben Sie die Resonanz des Tones? Was kommt in Ihnen in Schwingung? Spüren Sie die Töne eher im Kopf oder im Brust- und Bauchbereich? Lassen Sie sich Zeit, dies herauszufinden.

Ein Lied zum Zentrieren: Hier stellen wir Ihnen ein Lied von Arunga Heiden vor, von der CD „WahrNehmen", das Sie dabei unterstützen kann, sich zu zentrieren:

„Ich bin hier mit meinem Körper,
ich bin hier mit meinem Geist,
ich bin hier mit meinem Herzen,
das mir meine Wege weist.
Was mich hindert, lass ich los,
fällt in Mutter Erdes Schoß,
spüre, wie es in mir singt,
mich in meine Mitte bringt."

Riechen und die innere Resonanz spüren

Wir nehmen über die Nase mehr auf als uns bewusst ist und wir reagieren spontan und häufig völlig unzensiert von unserem Bewusstsein darauf. So reagieren wir z. B. intensiv auf Pheromone, die Sexualduftstoffe, ohne sie bewusst riechen zu können.
Manche Menschen können wir, auch wenn der natürliche Geruch oft übertönt wird mit Duftstoffen, einfach nicht riechen und andere ziehen uns magisch an.
Die Nase lässt sich nicht so leicht betrügen wie die Augen. Sie ist genau wie die Ohren ein Sinnesorgan, das mit tiefen und alten Schichten unseres Gehirns verbunden ist und uns blitzschnell und instinktiv reagieren lässt.

Nehmen Sie sich einige Minuten Zeit, um sich auf das Riechen einzustellen.
Was können Sie jetzt in diesem Augenblick riechen?
Wie oder nach was riecht es in Ihrer augenblicklichen Umgebung?

MAXIMAL
5 MINUTEN

Riecht es nach frischer oder verbrauchter Luft? Riechen Sie Ihr Parfüm oder den Duft einer Zimmerpflanze? Das Putz- oder Waschmittel oder den Staub in Ihrer Umgebung? Frisch gebackenen Kuchen oder Kaffee? Nehmen Sie die Gerüche wahr und benennen Sie diese still für sich.

Fragen Sie sich dann: Was lösen diese Gerüche in mir aus? Schwelgen Sie in Ihren Lieblingsdüften und fühlen Sie sich wohl? Oder irritiert Sie ein Geruch? Ist

er zu streng, ekelerregend oder einfach nur unangenehm, sodass Sie sich abwenden?
Wie gehen Sie damit um? Gehen Sie dem Geruch aus dem Weg, halten Sie die Luft an oder versuchen Sie, ihn zu übertönen mit etwas anderem?

Achtsames Riechen

Mit diesen Übungen können Sie Ihren Geruchssinn neu beleben.
Richten Sie Ihre Aufmerksamkeit auf Ihre Nase, gehen Sie nach draußen und schnuppern Sie in Ihrer Umgebung, nach was es riecht.

Schnuppern Sie z. B., wenn Sie an einer Bäckerei vorbeigehen oder an einem Blumengeschäft. Wie riechen die Bäume in Ihrer Umgebung und wie die Blumen, wie riechen die Felder oder Wälder, die Wurst an der Theke oder die Imbiss-Stube? Der Geruch der Menschen, die im Supermarkt an Ihnen vorbeigehen oder Ihre Kollegen? Wie riechen die Menschen, die Sie lieben und wie die Menschen, die Sie nicht mögen?
Was lösen diese Gerüche in Ihnen aus, welche Impulse, Bilder, Vorstellungen oder Geschichten fallen Ihnen ein? Schreiben Sie auf, was Ihnen einfällt.

Mit Düften entspannen und regenerieren

Düfte wirken tief und unmittelbar auf Körper, Seele und Geist.
Sie können uns entspannen oder beleben, Gefühle anregen oder besänftigen, können Kraft und Wärme spenden oder kühlen. Sie können unsere Selbstheilungskräfte anregen, uns ausgleichen und harmonisieren.
Wir können uns selbst, unser Energiefeld und die Räume, in denen wir leben, die Wohnung, das Haus, den Arbeitsplatz, den Garten mit Ihnen reinigen und segnen. So, wie es in vielen Kulturen und von unseren Ahnen überliefert ist.

Es gibt Räuchermischungen von getrockneten Kräutern und Harzen oder Duftöle, Aurasomaöle oder Räucherstäbchen, die Sie für diesen Zweck nutzen können. Finden Sie selbst heraus, was Sie gerade brauchen und was Ihnen guttut.

Ein einfaches Räucherritual

Diese Zeremonie hilft Ihnen, leicht und mühelos alle Blockierungen loszulassen und neue, frische, belebende, heilsame oder tröstliche Energien durch die Kraft der Kräuter und der Harze aufzunehmen. Und sich auf einfache Weise zu sammeln und zu zentrieren.

Nehmen Sie ein duftendes getrocknetes Kraut (z. B. Salbei, Wacholder, Lavendel, Rosmarin, Rosenblätter) oder eine Kräutermischung und Harze und legen Sie diese auf glimmende Räucherkohle oder ein Räuchersieb, unter dem ein Teelicht brennt.

5 BIS 15 MINUTEN

Wenn der Rauch aufsteigt, nehmen Sie ihn mit beiden Händen zu sich. Lassen Sie ihn wie eine Flüssigkeit über Ihren Kopf und Körper fließen und reinigen Sie damit Ihr Energiefeld, Ihre Aura.

Sie können den Rauch auch mit einer Feder im Raum verteilen und sich und andere damit einhüllen, reinigen und segnen.

Adressen, unter denen Sie eine Fülle von wunderbaren Duftmischungen erwerben können, finden Sie im Anhang.

Schmecken und die innere Resonanz spüren

Oft nehmen wir uns nicht mehr die Zeit, ganz bewusst und achtsam zu essen. Sind mit unseren Gedanken woanders, lesen vielleicht die Zeitung dabei, sehen fern oder sprechen mit anderen darüber, wo und wann wir etwas Vorzügliches gegessen haben. Selten sind wir wirklich konzentriert und anwesend beim Essen.

Nehmen Sie sich einige Minuten Zeit, um wirklich Ihr Essen wahrzunehmen, zu schmecken und zu spüren, wann Sie satt sind.
Sie können diese Übung immer dann machen, wenn Sie etwas essen oder trinken; wenn Sie alleine sind, können Sie sich vielleicht besonders gut konzentrieren.
Aber Sie können diese Übung durchaus auch in Gesellschaft machen. Hilfreich wäre dann die Übereinkunft, einmal schweigend zu essen.

Nehmen Sie das, was Sie essen oder trinken, genau wahr.

MAXIMAL
5 MINUTEN

Bleiben Sie ganz beim Erleben des Essens und vermeiden Sie, in Gedanken schon wieder bei etwas anderem zu sein.
Was ist es, das ich essen möchte?
Habe ich wirklich Hunger und Appetit darauf, oder esse ich aus Langeweile, weil es Mittagszeit ist oder aus welchen sonstigen Gründen?
Wie ist die Farbe, der Geruch, die Beschaffenheit: weich, hart, knusprig, knackig, breiig, flüssig, frisch?

Wie ist der Geschmack? Salzig, süß, sauer, scharf, aromatisch?

Wie hört es sich an, die Nahrung abzubeißen, sie zu zerkauen und zu schlucken?

Nehmen Sie den Geschmack der Nahrung so intensiv es Ihnen möglich ist, wahr.

Auf der Zunge, in der Mundhöhle, beim Schlucken.

Was lösen die Geschmackseindrücke aus? Nehmen Sie bewusst wahr, was in Ihnen ausgelöst wird, wenn Sie sich auf Ihr Essen konzentrieren. Ist es für Sie Genuss pur oder machen Sie sich Gedanken über die Herkunft des Essens? Oder über Ihr Gewicht?

Fühlen Sie sich zufrieden, beglückt, genährt und spüren Sie, wann Sie satt sind? Oder können Sie nicht genug davon bekommen, essen Sie, bis Sie voll sind? Möchten Sie dieses Erlebnis hinauszögern und können nicht genug bekommen oder kasteien Sie sich mit Diätregeln? Vielleicht erinnert Sie der Geschmack des Essens an etwas? Etwa an früher, an die Kindheit, das Essen im Kreis der Familie?

Achtsames Essen

Gönnen Sie sich öfter ein wohlschmeckendes und gesundes Essen, das Sie bewusst und mit allen Sinnen wahrnehmen und genießen.

Essen Sie ganz bewusst eine Frucht.

MAXIMAL
5 MINUTEN

Eine Aprikose oder eine Banane, einen Apfel oder eine Weintraube, eine Erdbeere oder eine Birne. Wie ist die Farbe, der Geruch, der Geschmack? Wie fühlt es sich an, abzubeißen, die Frucht zu zerkauen, wie empfinden Sie den Geschmack, den Geruch? Lassen Sie sich Zeit bei diesem Erlebnis.

Tasten und spüren
– die Sinnlichkeit der Haut entdecken

Wir können vor allem mit unseren Händen und Fingerspitzen, aber auch mit den Fußsohlen und Zehen und der Haut am ganzen Körper wahrnehmen und spüren, wie sich unsere Umgebung, wir uns selbst, andere Lebewesen, Menschen oder Tiere anfühlen.

Wir nehmen Temperaturunterschiede, ob es kühl oder warm, schwül oder heiß ist, genauso wahr wie rau oder weich, kratzig oder seidig, lockig oder glatt, faltig oder eben, dünn oder dick, angenehm oder irritierend.

Was können Sie jetzt gerade mit dem größten Sinnesorgan, Ihrer Haut, wahrnehmen?

Was spüren Sie auf Ihrer Haut? Einen kühlen Lufthauch, den wärmenden Stoff der Hose, die weiche Wolle des Pullovers, den Boden unter Ihren Füßen, die Polsterung des Sessels, auf dem Sie sitzen?

MAXIMAL
5 MINUTEN

Machen Sie sich bewusst, was diese Sinneseindrücke in Ihnen auslösen. Wohlbehagen oder Irritation? Ist etwas zu kratzig, zu kalt oder zu heiß, zu zugig oder zu stickig, weich oder hart, zu eng oder einschnürend? Bitte sorgen Sie jetzt dafür, dass Sie sich wohlfühlen.

Achtsam Tasten

Wir orientieren uns vorwiegend mit den Augen im Raum. Diese Übung hilft Ihnen, den Tastsinn zu beleben.

Schließen Sie Ihre Augen und versuchen Sie eine Weile, nur mit Ihren Fingerspitzen und Händen Ihre nähere Umgebung zu ertasten. Was können Sie mit Ihren Händen erspüren?

Das Holz der Schreibtischplatte, das seidenweiche Tuch um Ihren Hals, die Wärme der Teetasse, die Struktur des Bodenbelags, die glatte Haut Ihres Gesichts?

Mit geschlossenen Augen die Umgebung ertasten. Wie geht es Ihnen und was geht in Ihnen vor, wenn Sie sich langsam mit geschlossenen Augen im Raum bewegen und die Umgebung ertasten?

Wenn Sie sich den Gegenständen im Raum behutsam nähern, kann es sein, dass Sie schon bevor Sie etwas berühren, merken, dass da etwas ist.

Es ist so, als könnten Sie, wenn Sie die Augen schließen, umschalten auf einen neuen sensiblen Sinn, mit dem Sie die Ausstrahlung von Gegenständen, aber noch mehr von Pflanzen, Tieren und Menschen erspüren, noch bevor sie berührt werden.

4. Der Weg über den Körper

Den Körper spüren und entspannen

Oft sind wir so beschäftigt mit dem, was wir zu tun haben, dass wir nicht mehr mitbekommen, was wir unserem Körper und damit uns selbst zumuten. Dann sitzen wir vielleicht völlig angespannt und verspannt, pressen die Zähne aufeinander, ziehen die Schultern hoch, halten den Atem an. Belasten uns einseitig, leiden unter Mangel an frischer Luft und spüren erst wenn sich der Körper mit schmerzhaften Signalen bemerkbar macht, dass der Gürtel viel zu eng sitzt oder die Schuhe drücken. Dass wir Hunger haben oder Durst, zur Toilette müssen oder das Bedürfnis haben, uns mal zu strecken, tief durchzuatmen und uns zu bewegen.

Schenken Sie deshalb öfter am Tag Ihrem Körper Ihre volle Aufmerksamkeit und lernen Sie, gut für sich zu sorgen, damit Ihr Körper sich nicht mit unüberhörbaren schmerzlichen Signalen bemerkbar machen muss.

Vom Kopf in den Körper

Diese Übung hilft Ihnen dabei, besser für Ihre körperlichen Bedürfnisse zu sorgen.

Schließen Sie Ihre Augen und spüren Sie nach innen. Wie fühlen Sie sich jetzt gerade in Ihrem Körper? Was können Sie spüren?

MAXIMAL 5 MINUTEN

Gibt es Stellen, die sich angespannt, festgehalten und hart anfühlen und wo fühlen Sie sich weich, locker und warm an? Was gibt es noch zu entdecken? Kribbeln, Taubheit, Kälte, Enge, Druck, Schwere, Weite, Spannung, Schmerz, nichts?

Nehmen Sie zunächst einfach nur wahr, ohne etwas zu verändern, benennen Sie innerlich, was Ihnen auffällt.

Vielleicht stellen Sie fest, dass Sie das Bedürfnis haben, sich zu dehnen und zu strecken oder aufzustehen und sich zu bewegen. Die Schultern oder die Bauchmuskeln loszulassen.

Tun Sie, was immer Ihnen jetzt gerade guttut.

Sich erden

Diese Übung können Sie im Sitzen oder im Stehen machen. Sie hilft dabei, aus dem Kopf in den Körper zu kommen. Sich zu erden und zu zentrieren, also bei sich anzukommen. Außerdem hilft diese Übung dabei, Ihre Blutzirkulation anzuregen.

Sitzen oder stehen Sie aufrecht, spüren Sie, wie Ihre Füße Kontakt mit der Erde haben. Sie können Ihre Füße auf dem Boden hin und her schieben, sie auf der Erde ausklopfen oder fest aufstampfen, bis Sie sie gut spüren können. Verlagern Sie einige Male das Gewicht auf die Fersen und dann auf die Zehen.

MAXIMAL 5 MINUTEN

Stellen Sie sich dann vor, dass Sie durch Ihre Füße ausatmen und alles loslassen können – Unruhe und Stress, Ärger und Aufregung, Wut oder Frust – alles an die Erde abgeben.

Die Erde nimmt auf und verwandelt, „kompostiert" alles, auch unangenehme Energien und Gefühle.

Atmen Sie so lange durch Ihre Füße aus und lassen Sie los, bis Sie spüren, dass Sie sich für den Moment gut entspannt haben und im Spüren angekommen sind.

Unterstützen können Sie diesen Prozess des Loslassens, wenn Sie Ihre Hüften, den Bauch, den Po, die Ober- und Unterschenkel, an der Innen- und Außenseite mit beiden Händen abklopfen und fest ausstreichen. Beklopfen Sie auch Ihre Füße, bis Sie sich angenehm belebt und entspannt fühlen.

Sitzen oder stehen Sie dann wieder aufrecht, schließen Sie die Augen und stellen Sie sich vor, dass feine

Wurzeln mit jedem Ausatmen aus Ihren Füßen in die Erde wachsen, sie werden immer stärker und stabiler, bis Sie sich gut in der Erde verwurzelt haben.

Lassen Sie sich einen Moment Zeit zu spüren, wie Sie fest und stabil in der Erde verwurzelt sind. Wie Sie von der Erde getragen und gehalten, angenommen und genährt sind.

Und lassen Sie sich auch Zeit, dieses wunderbare Gefühl zu genießen!

Nehmen Sie dann Ihre Wurzeln wieder langsam zurück und behalten Sie das gute Gefühl der Erdung bei.

Sanftes Atmen

Diese Übung hilft Ihnen dabei, den Atem und den Energiefluss auf sanfte Weise anzuregen. Wenn Sie sich müde und energielos fühlen oder wenn Sie sehr aufgeregt und verärgert sind.

Schließen Sie für einen Moment die Augen und richten Sie Ihre inneren Antennen auf Ihre Atmung. Nehmen Sie einfach nur wahr, wie gerade die Luft ein- und wieder ausströmt. Legen Sie dann Ihre Zungenspitze locker hinter die oberen Schneidezähne an den Gaumen und öffnen Sie leicht den Mund. Lassen Sie die Atemluft gleichzeitig durch Mund und Nase strömen. (Falls Ihnen das schwerfällt, können Sie auch nur durch den Mund oder die Nase atmen.) Atmen Sie mindestens fünfmal langsam und sehr sanft ein und aus.

MAXIMAL
5 MINUTEN

Öffnen Sie dann die Augen, spüren Sie der entspannenden und gleichzeitig anregenden Wirkung nach und atmen Sie normal weiter.

Entspannung im Sitzen

Diese Übung können Sie fast überall machen. Sie hilft, die Aufmerksamkeit zu lenken und damit bei sich selbst anzukommen, sich zu spüren, bei sich zu sein und sich damit zu zentrieren.

Die Sitzhöcker spüren

Durch das Lenken der Aufmerksamkeit und die sanfte Bewegung entspannt sich Ihr Beckenboden und wird besser durchblutet.

Wenn Ihre Basis entspannt ist, entspannt sich auch der Rücken, bis hoch zu den Schultern und Sie können müheloser aufrecht sitzen.

Setzen Sie sich mit gerader Wirbelsäule auf die vordere Kante eines Stuhls. Die Beine stehen fest auf der Erde, die Knie sind etwa im 90°-Winkel. Spüren Sie jetzt Ihre Sitzhöcker, das sind die unteren Beckenknochen, die Sie ertasten können, wenn Sie die rechte und linke Hand unter Ihren Po schieben. Sie können dann in Ihren Handflächen die Sitzknochen spüren. Schaukeln Sie eine Weile sacht auf Ihren Händen vor und zurück und hin und her, damit Sie ein Gefühl für Ihre Sitzknochen bekommen. Ziehen Sie dann Ihre Hände wieder unter dem Po heraus. In der Regel können Sie dann trotzdem noch Ihre Sitzhöcker spüren. Beginnen Sie nun, Ihr Gewicht von links nach rechts, vor und zurück zu bewegen. Kreisen Sie dann einmal links und einmal rechts herum.

Pendeln Sie sich so in eine bequeme und stabile Sitzhaltung, die Ihren Rücken entlastet und Sie aufrecht und dennoch entspannt sitzen lässt.

Dies ist Ihre Basis, zu der Sie immer hinspüren können, wenn Sie merken, dass Sie nervös werden oder sich im hektischen Getriebe verloren haben.

Kopf, Nacken und Schultern entspannen

Diese Übung hilft Ihnen, diesen Bereich, der bei den meisten Menschen verspannt ist, zu spüren, achtsam zu bewegen und zu entspannen. Schon allein durch die aufmerksame Hinwendung zu diesem Körperbereich, die liebevolle Aufmerksamkeit und die sanften, ruhigen Bewegungen, die im Zeitlupentempo ausgeführt werden, lösen sich tiefsitzende Spannungen, die Durchblutung wird gefördert und Wärme und Energie kann wieder strömen.

Setzen Sie sich aufrecht hin. Ihre Hände liegen locker auf den Oberschenkeln. Lassen Sie Ihren Kopf im Zeitlupentempo in Richtung Brust sinken. Schauen Sie nach unten auf den Boden. Spüren Sie, wie die Nacken- und Rückenmuskulatur leicht gedehnt wird. Bleiben Sie für zwei bis drei Atemzüge in dieser Haltung. Heben Sie dann langsam Ihren Kopf, Ihre Augen gehen mit der Bewegung, bis Sie nach oben Richtung Zimmerdecke oder Himmel schauen. Verweilen Sie wie-

der einige Atemzüge in dieser Haltung. Spüren Sie die sanfte Dehnung des Hals- und Brustbereichs. Senken Sie den Kopf, bis Sie wieder geradeaus sehen können. Schauen Sie dann nach links, indem Sie den Kopf in diese Richtung drehen, achten Sie darauf, wie weit Sie nach hinten sehen können, ohne sich anzustrengen. In dieser Haltung für einige Atemzüge verweilen, die sanfte Dehnung spüren. Dann den Kopf über die Mitte nach rechts drehen. Achten Sie darauf, wie weit Sie hier nach hinten schauen können. Für einige Atemzüge verweilen und der Dehnung nachspüren. Den Kopf wieder zur Mitte drehen und geradeaus schauen.
Wiederholen Sie diesen langsamen Bewegungsablauf zwei- bis dreimal und lassen Sie sich anschließend Zeit zum Nachspüren.

Heben Sie Ihre Schultern langsam in Richtung der Ohren. Verweilen Sie für einige Atemzüge in dieser Haltung. Spüren Sie die Anspannung und atmen Sie dabei ruhig weiter. Lassen Sie dann die Schultern extrem langsam wieder nach unten sinken. Spüren Sie, wie alle Anspannung weicht, wie sie abfließt. Lassen Sie Ihre Arme und Hände jetzt einfach nach unten hängen und spüren Sie der Dehnung in den Schultern nach. Wiederholen Sie diesen Bewegungsablauf zwei- bis dreimal und spüren Sie nach.

Entspannung im Liegen

Wenn Sie die Möglichkeit dazu haben, legen Sie sich auf die Erde, um sich zu entspannen, loszulassen und bei sich, im Körper und bei den Gefühlen anzukommen.

Arme entspannen

Legen Sie sich auf eine Decke auf den Boden. Die Beine sind angewinkelt, die Fußsohlen stehen auf der Erde. Die Arme und Hände liegen locker links und rechts neben dem Körper.

5 BIS 15 MINUTEN

Lassen Sie sich Zeit zu spüren, wo Sie Kontakt zum Boden haben. An den Füßen, am Gesäß, am Rücken, an den Schultern, den Armen und am Kopf.

Sie können jetzt Ihre Aufmerksamkeit nach innen richten und spüren, wie der Atem kommt und wie der Atem geht. Lassen Sie Ihre Gedanken zur Ruhe kommen und atmen Sie ruhig ein und wieder aus.

Mit dem nächsten Einatmen heben Sie den linken Arm langsam an, und beim Ausatmen lassen Sie ihn wieder langsam auf den Boden sinken. Mit dem Einatmen anheben, mit dem Ausatmen wieder ablegen.

Wiederholen Sie diese Übung drei- bis fünfmal.

Anschließend lassen Sie sich Zeit zum Ausruhen und Nachspüren. Wie fühlt sich Ihr Körper jetzt an?

Können Sie den Unterschied zwischen dem linken und dem rechten Arm wahrnehmen?

Machen Sie dann die Übung mit dem rechten Arm. Lassen Sie sich Zeit, die wohltuende Wärme und Entspannung, die sich einstellt, wahrzunehmen.

Beine spüren und beleben

Legen Sie sich bequem auf den Rücken, die Beine sind ausgestreckt und leicht geöffnet. Spüren Sie nach, wo Sie Kontakt zu der Unterlage haben. An den Fersen, den Waden, den Oberschenkeln, am Gesäß, am Rücken, an den Schultern, an den Armen, den Händen und am Kopf.

Ihre Zehen weisen nach oben in Richtung Himmel. Drehen Sie nun ganz langsam den linken Fuß nach links in Richtung Boden, dann wieder zurück, sodass die Zehen nach oben weisen. Drehen Sie dann den Fuß nach rechts in Richtung des anderen Fußes und wieder zurück in die Ausgangsstellung. Wiederholen Sie diese Bewegungsfolge dreimal und spüren Sie dann nach. Wie fühlt sich jetzt Ihr Fuß, Ihr Bein, Ihr Becken an? Machen Sie die gleiche Bewegung mit dem rechten Fuß. Führen Sie diese Bewegungen so langsam wie möglich aus und spüren Sie, welche Muskeln sich bei dieser leichten Bewegung mitbewegen. Spüren Sie die Bewegung im Oberschenkel? Im Hüftgelenk? Ruhen Sie sich eine Weile aus und spüren Sie, wie sich jetzt jeweils die rechte und die linke Seite anfühlen.

Entspannung im Stehen

Diese Übung können Sie fast überall machen, wenn Sie die Augen offen lassen auch in der Warteschlange an der Kasse im Supermarkt.

Stehen Sie aufrecht, die Füße sind parallel und hüftbreit auseinander. Spüren Sie Ihre Füße, die Beine, das Becken, den Bauch, den Brustkorb, die Schultern, den Nacken, die Arme, die Hände und den Kopf.

Entspannen Sie sich mit dem Ausatmen. Lassen Sie achtsam die Überspannung los. Lockern Sie die Gelenke, indem Sie sich fast unmerklich sacht bewegen, kreisen, das Gewicht auf einen und dann auf den anderen Fuß verlagern, von außen kaum sichtbar, räkeln und dehnen.

Lockern Sie vor allem Ihre Kniegelenke, sie sollten auf keinen Fall durchgedrückt sein.

Schließen Sie für einen Moment die Augen. Legen Sie Ihre Hände auf Ihr Zentrum und gehen Sie mit Ihrer Aufmerksamkeit zu Ihrem Bauch und zu Ihren Füßen. Achten Sie darauf, wie angenehm, entspannt und aufrecht Sie stehen, wenn Sie Ihre Füße und die Erde, die Sie trägt, gut spüren können.

Meditatives Gehen

Wenn Sie sich, wie vorher beschrieben, im Stehen entspannt haben, können Sie nun damit beginnen, ganz langsam und mit geschlossenen Augen zu gehen. Machen Sie diese Übung, wenn Sie alleine sind oder sich unbeobachtet fühlen.

Stehen Sie aufrecht und weich in den Knien, schließen Sie die Augen, legen Sie die Hände auf Ihre Mitte und verlagern Sie im Zeitlupentempo Ihr Gewicht auf einen Fuß. Den anderen schieben Sie einen Zentimeter nach vorne. Verlagern Sie dann das Gewicht auf diesen Fuß und schieben Sie den freien Fuß wieder einen Zentimeter nach vorne. Lassen Sie sich Zeit, bleiben Sie mit Ihrer Aufmerksamkeit beim Spüren Ihrer Füße, Ihrer Beine und Ihres Körpers. Versuchen Sie, ganz bewusst bei dieser extrem langsamen Fortbewegung zu sein und nehmen Sie wahr, wie Sie atmen, wie sich die Erde unter Ihren Füßen und die Luft um Sie herum anfühlen.

Es kann sein, dass Sie ins Wackeln kommen, wenn Sie die Augen schließen und sich so langsam bewegen, vertrauen Sie darauf, dass der Boden Sie trägt und Ihr Körper weiß, wie Sie stehen und gehen müssen.

Wir sind so daran gewöhnt, uns mit den Augen in der Welt zu orientieren, dass es uns oft schwer fällt umzuschalten und uns auf das Wissen unseres Körpers einzulassen und zu verlassen. Doch unser Körper, die Füße und Beine tun ihre Arbeit, tragen uns durchs Leben, auch wenn wir sie nicht ständig kontrollieren.

Bewusst barfuß gehen

Ziehen Sie Ihre Schuhe und Strümpfe aus und lassen Sie Ihre Füße die Struktur des Bodens erspüren. Wie fühlt sich der Teppich an oder die Holzdielen, die Flie- *5 BIS 15* sen oder die Steintreppe, der Sandweg oder das Gras? *MINUTEN* Versuchen Sie, ein Stück langsam und mit geschlossenen Augen zu gehen. Wird Ihre Wahrnehmung noch intensiver, wenn Sie das Sehen des Weges Ihren Füßen überlassen?

Zum Abschluss der Übung können Sie sich ein warmes Fußbad gönnen, lassen Sie sich Zeit, sich ganz Ihren Füßen zu widmen, cremen Sie sie ein nach dem Bad und danken Sie Ihren Füßen dafür, dass sie für Sie da sind.

Spannungen im ganzen Körper loslassen

Diese Übung hilft Ihnen, schnell Spannungen im ganzen Körper zu spüren und zu lösen. Durch das abschließende Klopfen regen Sie Ihren Kreislauf an. Machen Sie die Übung, wenn Sie alleine sind und sich unbeobachtet fühlen.

MAXIMAL
5 MINUTEN

Stehen Sie aufrecht und weich in den Knien. Spüren Sie unter Ihren Füßen die Erde und lockern Sie ihre Muskulatur durch leichte Ausschüttelbewegungen. Spüren Sie besonders Ihre Fersen, indem Sie sie abwechselnd leicht heben und wieder auf den Boden zurückfallen lassen. Sie können auch beide Fersen leicht wippend anheben und wieder fallen lassen. Legen Sie die Betonung auf die Abwärtsbewegung, das Ankommen der Fersen auf dem Boden. Das schüttelt Sie leicht durch und Sie erden sich damit.

Lassen Sie durch die Fersen alles von sich abfließen, was Sie jetzt nicht brauchen. Stress, Ärger oder Wut, Langeweile oder Anstrengung, Anspannungen und Verspannungen.

Lassen Sie los und geben Sie an die Erde ab. Klopfen Sie sich dann von den Füssen bis zum Kopf mit beiden Händen ab.

An den Füßen beginnend, die Beine, die Hüften und den Po, den Bauch, Brust, Rücken, Nacken, Schultern, Arme und Hände bis zum Kopf, mit festen bis zarten Klopfbewegungen abklopfen.

Bei dieser Übung lösen sich die Spannungen im ganzen Körper, vom Kopf über den Nacken, die Schultern, den Rücken
und die Beine bis zu den Füßen.

Sich Raum schaffen

Diese Übung können Sie im Stehen machen. Sie hilft Ihnen dabei, sich durch die Bewegung zu spüren, loszulassen,
zu entspannen, zu dehnen, sich Raum zu schaffen und sich
symbolisch abzugrenzen.
Gleichzeitig hilft sie, wieder neue Energie zu tanken und sich
zu stärken.

Schütteln Sie sich aus wie in der Übung zuvor beschrieben. Klopfen Sie sich ab, um Ihre Energie zu
beleben.
Jetzt heben Sie Ihre Arme und Hände auf Schulterhöhe, so, als wollten Sie mit dieser Geste stopp sagen
zu jemandem, der vor Ihnen steht oder Ihnen zu nahe
kommt. Spüren Sie, wie es sich anfühlt, wenn Sie sich
in diese Haltung begeben. Dann drehen Sie sich in
dieser Haltung einmal um die eigene Achse. Senden
Sie dieses Stoppsignal in alle Richtungen. Jetzt stehen Sie mitten in einem Kreis, der durch das Stopp
nach allen Seiten abgesichert ist.

MAXIMAL
5 MINUTEN

5. Der Weg über die Gefühle –
Gefühle spüren und akzeptieren

Bei der Frage, welches Gefühl Sie jetzt gerade haben, sagen viele Menschen: Ich fühle nichts.

Häufig erwarten sie sehr intensive Gefühle wie Glück oder Freude, Liebe oder Hass, Leidenschaft oder Angst, Wut oder Trauer.

Doch Gefühle kommen oft sehr sanft und leise daher und sind nicht umwerfend und laut.

Stimmungen und Gefühle

Diese Übung hilft Ihnen, sich Ihrer Gefühle bewusst zu werden.
Nehmen Sie sich eine Weile Zeit, um herauszufinden, was Sie häufig, manchmal oder nie fühlen.
Schreiben Sie sich auf, welche Gefühle bei Ihnen besonders häufig auftauchen und welche Sie selten fühlen.
Finden Sie heraus, ob Sie all die Gefühle und Stimmungen, die wir hier aufgelistet haben, bei sich zulassen würden, oder ob Sie einige davon sofort unterdrücken würden.

5 BIS 15
MINUTEN

Gelangweilt, müde, unruhig, sanft, fröhlich, traurig, neidisch, gestresst, ärgerlich, wütend, froh, wach, zufrieden, aufgeregt, lebendig, beleidigt, missmutig, ruhig, albern, deprimiert, glücklich, zufrieden, überfordert, verletzt, minderwertig, beschämt, schuldig, unglücklich, unzufrieden, verzweifelt, neu-

gierig, weinerlich, aufgeschlossen, verzagt, unsicher, gelassen, leidend, zurückgesetzt, gut gelaunt, energievoll, leidenschaftlich, ausgeschlossen, verachtet, hasserfüllt, rachsüchtig, interessiert, ängstlich, aggressiv, zuversichtlich, lustvoll, humorvoll, friedlich, sanftmütig, zärtlich, boshaft, sexy, geil, frustriert, genervt, selbstbewusst, berührt, eifersüchtig, abhängig, abenteuerlustig, stolz, enthusiastisch, wohlwollend, tolerant, wohl, akzeptierend, gehetzt, genießend, heilig, scheinheilig ...

Was fühle ich jetzt?

Diese Übung hilft Ihnen dabei, sich Ihrer Gefühle bewusst zu werden und einen Namen für sie zu finden.

Spüren Sie in sich hinein.

Fühlen Sie sich müde oder wach? Angeregt oder gelangweilt? Wütend oder genervt?

MAXIMAL
5 MINUTEN

Benennen Sie still für sich, in welcher Stimmung Sie sind.

Seien Sie ehrlich zu sich und nehmen Sie ernst, wie Sie sich fühlen. Auch wenn Sie Gefühle bei sich entdecken, die Sie eigentlich nicht mögen.

Diese kleine Wahrnehmungsübung sollten Sie zu verschiedenen Zeiten am Tag für sich praktizieren, damit Sie üben, Ihre eigenen Gefühle wahrzunehmen, sie zu spüren und Worte für sie zu finden.

Nehmen Sie sich täglich einige Minuten Zeit, um Ihre Gefühle in Ihr Tagebuch zu schreiben.

Tagesbilanz der Gefühle

MAXIMAL
5 MINUTEN

Schreiben Sie auf, welche Gefühle Ihnen an diesem Tag begegnet sind.

Richten Sie Ihr Augenmerk auch darauf, was Ihnen an diesem Tag an guten und angenehmen Gefühlen begegnet ist, falls Sie dazu neigen, sich vor allem unangenehme Situationen und Gefühle zu merken.

Gefühle sind wie ein Fluss, sie tauchen auf, schwellen an, verebben nach einer bestimmten Zeit. Sie sind flüchtig, kommen und vergehen. Wenn wir sie lassen.
Doch häufig haben wir schon in der Kindheit gelernt, bestimmte Gefühle nicht spüren zu wollen. Oft sind es die Gefühle, die auch unsere Eltern nicht gut fanden. Dann haben wir uns angewöhnt, sie zu unterdrücken, zu verleugnen oder sie anderen in die Schuhe zu schieben, sie also zu projizieren. Doch damit sind sie nicht weg, sie kommen oft in verkleideter Form wieder zu uns zurück. Und wenn wir uns angewöhnt haben, sie zu ignorieren oder sie umzudeuten, dann sind wir irgendwann verwirrt und wissen nicht mehr, was wir fühlen.

Fragen Sie sich also öfter am Tag, was Sie gerade fühlen, wie Ihre Stimmung ist, was Sie innerlich bewegt.

Die Bedeutung der Gefühle

Spüren Sie auch wenn Sie mit anderen Menschen zusammen sind, was Sie wirklich ihnen gegenüber fühlen. Lassen Sie es zu, wenn Sie merken, dass Sie Ihre Kollegin heute gar nicht leiden können, dass Sie sich über Ihren Chef ärgern, dass Sie den Unbekannten, der Ihnen im Zug gegenüber saß, interessant fanden, dass Sie Lust hätten bei der Hitze nackt in einen See zu springen.

Das heißt nicht, dass Sie sofort dazu übergehen sollten, sie auszuleben, sondern zunächst für sich selbst herausfinden und sich ehrlich bewusst machen, was Sie wirklich fühlen.

Oft ist uns nicht bewusst, was wir fühlen, doch unser Organismus reagiert und drückt mit kleinen Bewegungen, dem Runzeln einer Augenbraue, dem unbewussten Arme-über-der-Brust-Verschränken oder einem Verziehen der Mundwinkel aus, was wir fühlen. Auch wenn wir selbst nicht merken oder uns abtrainiert haben, zu merken, was wir fühlen, reagiert dennoch unser Körper.

Wenn wir also sowieso emotional reagieren, auch ohne dass uns unsere Gefühle bewusst sind, dann ist es doch sinnvoller, dass wir wieder merken, was in uns vorgeht. Dann können wir auch selbst entscheiden, was und wie wir Gefühle ausdrücken wollen.

Wenn wir unsere Gefühle spüren und annehmen, können wir auch entscheiden, ob, wann und wie wir sie ausdrücken wollen.

Die meisten Menschen mögen nur die sogenannten positiven Gefühle wie Liebe oder Freude, Glück oder Mut, Zufriedenheit oder Frieden spüren.

Doch auch die sogenannten negativen Gefühle, die wir uns normalerweise gar nicht zugestehen oder haben wollen, wie Neid oder Rache, Scham oder Schuld, Aggressionen oder Verletzlichkeit, Eifersucht oder Angst, Trauer oder Frustration, existieren und haben eine Berechtigung, da zu sein, denn sie informieren uns darüber, was tief in uns vorgeht.

Gefühle sind Energien, die uns hinweisen auf das, was uns im tiefsten Inneren bewegt. Unsere Aufgabe ist es, sie wahrzunehmen, sie anzunehmen und sie zu verstehen, um dann einen angemessenen Ausdruck für sie zu finden.

Nehmen wir z. B. das Gefühl Neid. Wenn wir es annehmen und sagen, ja, ich bin neidisch, dann können wir weiterfragen, was ist gut an diesem Gefühl? Wir merken daran, dass wir auch etwas haben wollen, was andere haben. Also können wir uns darum bemühen, es zu bekommen, oder wir können realistisch erkennen, dass wir es niemals erreichen werden. Dann können wir uns bewusst entscheiden, es loszulassen. Solange wir aber dieses Gefühl nur verdrängen, es nicht wahrhaben wollen, abstreiten, dass wir neidisch sind, dann regiert uns dieses Gefühl aus dem Untergrund heraus und zeigt sich anderen hinter unserem Rücken.

Oder wenn wir Wut oder Angst nicht spüren wollen. Wir können versuchen, diese Gefühle zu unterdrücken, uns einzureden, wir seien so friedfertig oder so mutig, wir hätten diese Gefühle nicht. Dann können uns diese Gefühle überall

Mini-Rückzug

draußen in der Welt begegnen, wir werden vielleicht unter dem aggressiven Verhalten der anderen leiden, oder unsere Kinder leben die Angst aus, die wir selbst verdrängen.

Wir verwirren uns und die Menschen, mit denen wir zusammenleben, wenn wir unsere Gefühle nicht wahrhaben wollen, verleugnen, umdeuten und verdrängen.

Wir können diese emotionalen Energien auch stumm in uns hineinfressen, innerlich leiden und nicht wissen, wie uns geschieht. Vielleicht werden wir auch krank, der heruntergeschluckte Ärger oder der Stress werden zum Magengeschwür oder zum hohen Blutdruck.

Wir können natürlich auch lernen, uns diesen emotionalen Energien zu stellen.

Was ist das Gute an der Wut, an der Angst, am Neid, an den Schuldgefühlen, an den Aggressionen?
Die Gefühle weisen uns auf etwas hin und wir können sie dazu nutzen, etwas zu verändern in unserem Leben.
Gefühle sind einfach so, wie sie sind, es sind Energien, die weder gut noch schlecht sind, auch wenn wir gelernt haben, sie so zu bewerten.

Fragen Sie bei allen Gefühlen, vor allem den sogenannten negativen Gefühlen, die Sie spüren: Was ist das Gute daran, auf was macht es mich aufmerksam?

Wenn wir unsere Gefühle annehmen als unsere eigenen, dann

müssen wir sie nicht anderen in die Schuhe schieben oder uns von ihnen heimlich und unbewusst leiten lassen.

Machen Sie sich auch bewusst: Was wir fühlen, sind ganz allein unsere Gefühle.

Nicht die anderen machen sie uns, wie wir oft irrtümlich glauben. Sie entstehen und sind in uns, sie gehören ganz zu uns und unserer Lebensgeschichte.

Nicht der Chef ärgert mich, ich bin nicht sein Opfer, ich ärgere mich über ihn, weil ich mich vielleicht nicht traue, ihm klar zu sagen, was mich an seinem Verhalten stört.

Mein Ärger weist mich lediglich darauf hin, dass etwas nicht stimmt.

Ich kann dann entscheiden, wie ich damit umgehen will. Ich könnte dem Chef sagen, was mich stört, ihm eine Grenze setzen, wenn es nicht in Ordnung ist, wie er sich verhält. Ich könnte sein Verhalten aber auch ignorieren, ihm keine Bedeutung geben, es nicht auf mich beziehen, mich nicht abhängig machen von seinen Launen und bei mir bleiben. Oder ich rege mich regelmäßig über ihn auf, ohne etwas zu verändern. Die Frage, die dann weiterhilft ist: Was habe ich davon?

Es ist immer meine Erfahrung und meine Entscheidung, ob und wie ich reagiere.

Je besser wir unsere Gefühle wahrnehmen und annehmen, desto weniger müssen wir sie unterdrücken, in den Untergrund verbannen oder sie auf andere Menschen projizieren.

Wenn wir unsere Gefühle kennen, dann können wir eine angemessene Form finden, sie auszudrücken. Und wir können Entscheidungen treffen, etwas in unserem Leben zu verändern, wenn uns die Gefühle immer wieder signalisieren, was für uns nicht gut ist.

Es ist oft ein langer Weg, den wir gegangen sind, um all die ungeliebten oder verpönten Gefühle nicht mehr zu spüren. Gefühle nicht zu spüren geht, wenn wir die Luft anhalten oder flach atmen, die Muskeln anspannen, uns ablenken, woanders hinschauen, an etwas anderes denken. Oder wir verdrängen und verleugnen unsere Gefühle, rationalisieren sie, tun sie ab, bagatellisieren sie, spalten sie ab.

Doch leider gehen uns auf diesem Weg auch die angenehmen Gefühle verloren.

Wenn wir mühsam gelernt haben, nicht mehr die unangenehmen Gefühle zu fühlen, dann spüren wir irgendwann gar nichts mehr, fühlen uns flach und leer.

> Wenn uns also klar ist, wie wir gelernt haben, nicht zu fühlen, können wir auch wieder lernen zu fühlen.

Indem wir tiefer atmen, die oft chronisch verspannte Muskulatur lockern, die Gefühle nicht mehr verurteilen, sondern sie zulassen.

Uns mit all unseren Stimmungen und Gefühlen wahrzunehmen und uns so seinlassen, wie wir sind, ist ein wesentlicher Schritt dazu, sich selbst anzunehmen.

Und nur wenn wir uns selbst annehmen können, können wir auch andere Menschen annehmen.

6. Bewegungsmeditationen

Wenn Sie mit den bisher beschriebenen Achtsamkeitsübungen nicht wirklich abschalten oder zur Ruhe kommen können, dann machen Sie eine Bewegungsmeditation.

Die Bewegungsmeditation ist allen Menschen zu empfehlen, die sich nicht still hinsetzen und dabei abschalten, zur Ruhe kommen oder meditieren können. Die erst recht nervös werden, wenn Sie sich innerlich sagen: Ich bin ganz ruhig und entspannt.

Bei dieser Form der Meditation wird die Unruhe oder Hektik oder einfach der Bewegungsdrang aufgegriffen und ausgedrückt.

Somit müssen wir die Unruhe nicht unterdrücken, sondern können sie bewusst erleben und ausleben, sie verstärken und auf die Spitze treiben. Und dann, nach einer Weile, im Rhythmus der Musik, können wir allmählich zur Ruhe finden, die Bewegungen verlangsamen und ganz von selbst, ohne uns etwas zu suggerieren, zur Ruhe finden. Bis wir still bei uns ankommen.

Durch die unterschiedlichen Musikstücke werden wir bei dieser Meditationsart langsam von der eher schnellen und hektischen Bewegung, die manchmal genau den Gefühlszustand, in dem wir uns befinden, ausdrückt, hin zur Ruhe geführt.

Kurzform der Kundalini-Meditation

Sie brauchen für diese Bewegungsmeditation die CD „Kundalini Meditation" von Osho, oder Sie nehmen für den ersten Teil eine sehr dynamische Musik und für den zweiten Teil eine ruhige Musik
Für die normale und lange Form dieser Bewegungsmeditation benötigen Sie etwa eine Stunde.
Hier beschreiben wir eine verkürzte Form, für die Sie ca. zehn bis 15 Minuten benötigen. Machen Sie diese Übung wenn Sie allein sind und sich unbeobachtet fühlen, damit Sie sich so bewegen können, wie sich Ihr Körper ausdrücken mag, ohne dass Sie ständig darüber nachdenken müssen, wie diese Bewegungen wohl von außen gesehen aussehen oder wie Sie wirken könnten. Schaffen Sie sich genug Platz, damit Sie nirgends anstoßen.

Legen Sie die CD ein und hören Sie nur das erste und dann das dritte Stück für jeweils circa fünf Minuten.

Stehen Sie aufrecht und schütteln Sie beim ersten Teil Ihren ganzen Körper zu der Musik. Lassen Sie alles los, was Sie stört. Erlauben Sie sich, die Füße, die Beine, das Becken, den Bauch, die Brust, die Schultern, die Arme und Hände locker zu schütteln und auch Ihren Kiefer zu entspannen. Lassen Sie sich von der Musik mitnehmen und bewegen Sie sich so, wie es Ihnen guttut.

Stoppen Sie nach ca. fünf Minuten und hören Sie dann den dritten Teil an. Dazu können Sie sich hinlegen oder aufrecht hinsetzen. Schließen Sie die Augen und spüren Sie, wie Sie langsam zur Ruhe kommen.

Stellen Sie sich vor, wie die „Schneehalbkugeln", nachdem sie geschüttelt wurden, sich allmählich wieder setzen, neu ordnen und zur Ruhe kommen.
So wird auch in Ihnen eine neue Ordnung hergestellt.

Wenn Ihnen diese Art zu meditieren zusagt, dann machen Sie öfter die lange Form auf S. 222, damit Sie die Intensität und die heilsame Wirkung dieser Meditationen voll ausschöpfen können.

Kurzform der Meditation der Himmelsrichtungen

Auch hier gibt es die normale lange Form, die Sie ab S. 219 finden.
Hier stellen wir Ihnen eine verkürzte Form vor.
Diese Bewegungsmeditation führt Sie in Ihre Mitte. Sie können sich durch sie öffnen und entspannen, zentrieren und durch die monotonen Bewegungen von der Gedankenflut distanzieren. Sie kommen damit leicht vom Kopf in Ihr Erleben. Sie brauchen dazu die CD „Meditation der Himmelsrichtungen" von Jabrane Mohamed Sebnat und ca. zehn Minuten Zeit. Spielen Sie dazu das 4. Stück auf der CD ab.

5 BIS 15 MINUTEN

Stehen Sie aufrecht mit dem Gesicht nach Norden (im Süden, also in Ihrem Rücken, steht zur Mittagszeit die Sonne). Ihre Hände liegen auf Ihrer Mitte, Ihrem Bauch. Wenn die Musik beginnt, gehen Sie im Rhythmus der Musik:

1. Einen kleinen Schritt mit dem rechten Fuß nach vorne, auch Ihre rechte Hand strecken Sie, wie zum Gruß, in diese Richtung. Wieder zurück in die Ausgangsstellung gehen.
Dann mit der linken Hand und dem linken Fuß nach vorne und wieder zurück in die Ausgangsstellung.

2. Im Rhythmus der Musik mit der rechten Hand und dem rechten Fuß nach rechts, nach Osten und wieder zurück in die Ausgangsstellung. Mit der linken Hand und dem linken Fuß nach links, nach Westen und wieder zurück in die Ausgangsstellung.

3. Dann nach Süden bewegen, indem Sie mit dem rechten Fuß einen kleinen Schritt in diese Richtung also nach hinten machen und auch Ihre Hand in diese Richtung wenden. Dann die gleiche Bewegung mit dem linken Fuß und der linken Hand. Wieder zurückkehren in die Ausgangstellung.

Diese Bewegungsabfolge von 1. – 3. machen Sie, bis das Musikstück endet.
Stehen Sie noch eine Weile mit geschlossenen Augen und spüren Sie nach, was Sie jetzt in sich fühlen.

Wenn Ihnen diese Art der Meditation zusagt, dann nehmen Sie sich bitte mindestens eine Stunde Zeit, um die komplette Meditation auszuführen.

Bewegung zur Trancetanzmusik

Mit Bewegungen und Tänzen, besonders wenn sie achtsam ausgeführt werden, kommen Sie auf angenehme und einfache Weise bei sich an. Sie können mithilfe der Musik und der Bewegung Ihren Körper, Ihre Gefühle und Stimmungen spüren und damit in Ihre eigene Mitte finden.

Die nachfolgenden Übungen bringen Sie darüber hinaus in Kontakt mit archaischen Bewegungsmustern, die tief entspannend und belebend auf Ihre Seele wirken.
Hier stellen wir Ihnen Bewegungsmeditationen zu den fünf Elementen vor, die an die Arbeit von Gabrielle Roth angelehnt sind.
Hilfreich ist dazu die CD „Initiation" von *Gabrielle Roth & The Mirrors*, auf der Sie sowohl die nun folgenden Musikstücke, als auch die Musik für den Body Jazz, den wir auf S. 183 beschreiben, finden.

Sie können jedes Element für sich alleine tanzen. Falls Sie mehr Zeit zur Verfügung haben, können Sie auch alle fünf Elemente hintereinander tanzen und spüren. Lassen Sie sich danach einige Minuten Zeit zum Ausruhen und Nachspüren und eventuell zum Aufschreiben, wie Sie sich dabei gefühlt haben und was in Ihnen in Bewegung kam.

Das Element Wasser

Nehmen Sie dazu eine Musik, die sich für Sie fließend, weich und lebendig anhört oder das erste Stück „Flowing" von der oben genannten CD. Das Musikstück dauert etwa sechs Minuten.

Gehen Sie mit Ihrer Aufmerksamkeit zu Ihrem Körper und spüren Sie, wie Sie stehen, wie sich Ihr Körper anfühlt. Lockern Sie dann Ihren Körper, indem Sie sich dehnen, sanft anspannen und loslassen.

Schließen Sie die Augen und beginnen Sie, sich zu den Klängen der Musik zu bewegen.

Versuchen Sie, ganz bei sich, bei Ihrem Körper und Ihren Gefühlen zu bleiben. Es geht nicht darum, wie die Bewegungen von außen aussehen, sondern nur darum, dass sie sich von innen gut anfühlen.

Lassen Sie Ihren Körper die Führung übernehmen und bewegen Sie sich so, wie es sich in diesem Moment gut anfühlt.

Lassen Sie fließende, dehnende, wiegende, langsame Bewegungen zu und lassen Sie Ihren ganzen Körper daran Anteil nehmen.

Stellen Sie sich fließendes Wasser vor, vielleicht einen Wasserfall, unter dem Sie stehen, oder angenehm warmes Wasser, in das Sie eintauchen, von dem Sie sich umspülen oder reinigen lassen.

Stellen sie sich vor, Sie selbst seien das Wasser. Wie fühlt es sich an, Wasser zu sein?

Wenn die Musik endet, bleiben Sie noch einige Momente still stehen und spüren Sie nach, wie Sie sich im Körper fühlen, wie Sie atmen, was Sie jetzt fühlen können.
Diese Übung hilft Ihnen dabei, sich aus Erstarrung zu lösen und auch emotional wieder ins Fließen zu kommen.

Das Element Erde

Für diesen Tanz nehmen Sie eine Musik, die sehr strukturiert und klar ist, oder das Stück „Staccato" auf der oben genannten CD. Dieses Musikstück dauert etwa drei Minuten, hören Sie es eventuell mehrmals.

Spüren Sie zunächst wieder Ihren Atem, Ihren Körper und wie Sie sich fühlen.

Beginnen Sie dann mit geschlossenen Augen mit der Bewegung zur Musik. Spüren Sie vor allem Ihre Füße und Beine, Ihre aufgerichtete Wirbelsäule, die Arme und Hände.

Wie empfinden Sie diesen Rhythmus? Lassen Sie sich darauf ein und bewegen Sie sich so, wie es Ihnen angenehm ist und guttut. Lassen Sie sich von den Tönen mitnehmen auf eine Reise zum Element Erde. Spüren Sie die Festigkeit, die Verlässlichkeit der Erde und spüren Sie tief in Ihrem Körper Ihre Knochen, Ihr Skelett, das Ihnen Festigkeit und Stabilität verleiht. Stellen Sie sich vor, dass Sie sich mit dem Element Erde verbinden und selbst Erde sind. Wie fühlt es sich an, Erde zu sein?

Wenn die Musik endet, lassen Sie sich wiederum einige Minuten Zeit, sich auszuruhen und nachzuspüren, was in Ihnen vorgeht und welche Gefühle Sie nach diesem Tanz in sich wahrnehmen können.

Diese Übung hilft uns, uns zu erden und zentrieren, wenn wir sehr viel im Kopf haben, zappelig und nervös sind.

Das Element Feuer

Für diesen Tanz können Sie eine heiße Trommelmusik nehmen oder das dritte Stück „Chaos" auf der oben genannten CD. Dieses Stück dauert etwa vier Minuten.

Stehen Sie aufrecht und weich in den Knien, achten Sie auf Ihre Atmung und wie Sie sich jetzt im Körper fühlen. Beginnen Sie dann, sich im Rhythmus der Musik zu bewegen. Was in Ihrem Körper wird zur Bewegung angeregt? Die Füße, die Beine, das Becken, der Bauch, die Schultern, die Arme, Hände oder der Kopf? Spüren Sie nach, welche Bewegung Ihnen zu dieser Musik guttut.

Stellen Sie sich ein Feuer vor, das Sie umrunden, dessen Bewegung Sie aufnehmen, spüren Sie die Hitze oder Kraft des Feuers im ganzen Körper. Stellen Sie sich vor, Sie selbst könnten Feuer sein.

Wie fühlt es sich an, Feuer zu sein?

Wenn die Musik endet, nehmen Sie sich wiederum einige Minuten Zeit, nachzuspüren, wie Sie sich fühlen.

Diese Übung ist hilfreich, wenn Sie sich kalt, verspannt und energielos fühlen, oder wenn Sie Ihre Lebensenergie und Lebensfreude wieder entfachen wollen.

Das Element Luft

Nehmen Sie für diesen Tanz eine luftig-leichte Musik oder das 4. Stück auf der oben genannten CD „Lyrical".
Dieses Stück dauert etwa fünf Minuten.

Stehen Sie aufrecht und weich in den Knien. Schließen Sie die Augen und beginnen Sie, sich im Rhythmus der Musik zu bewegen. Spüren Sie, was sich in Ihnen bewegen möchte, sind es die Arme, der Kopf, die Beine oder eher das Becken? Wo spüren Sie diese Musik am intensivsten im Körper, im Bauch oder im Brustbereich oder in den Beinen? Welche Gefühle tauchen in Ihnen auf, wenn Sie sich im Rhythmus dieser Musik bewegen, wiegen, schaukeln, dehnen?
Stellen Sie sich dazu das Element Luft vor, die Luft die Sie atmen, die Sie umgibt, die Sie umschmeichelt, die Sie mit Ihren Händen und Armen bewegen können. Stellen Sie sich vor, Sie selbst würden zu Luft, seien leicht und flüchtig. Wie fühlt es sich für Sie an, Luft zu sein?

5 BIS 15 MINUTEN

Nehmen Sie sich wieder einige Minuten Zeit, um nachzuspüren, wie es Ihnen geht und wie Sie sich fühlen.
Diese Übung ist hilfreich, wenn Sie sich festgefahren, schwer oder emotional belastet fühlen.

Das Element Äther/Transzendenz

Für diesen Tanz nehmen Sie eine Musik, die Sie an Sphärenmusik erinnert oder das 5. Stück „Stillness" auf der CD; es dauert etwa sechs Minuten.

Stehen Sie aufrecht und weich in den Knien und Hüften, schließen Sie die Augen und werden Sie ruhig.

5 BIS 15 MINUTEN

Achten Sie auf die Töne, die Schwingung der Musik und beginnen Sie, sich sanft und langsam zu bewegen.

Spüren Sie die Feinheit, die Flüchtigkeit, die Zeitlosigkeit einer Energie, die durch Sie hindurchweht wie ein Hauch, der Sie tief in Ihrer Mitte berührt und sacht verwandelt.

Stellen Sie sich vor, wie diese transzendente Kraft Sie in tiefster Seele berührt und wie Sie ein unendlich heilsamer Strom von sanfter Energie erfasst.
Lassen Sie sich spüren, wie Sie angeschlossen und verbunden sind mit dieser zeitlosen, feinstofflichen, alles durchdringenden, alles verbindenden Kraft.
Stellen Sie sich vor, Sie seien diese feinstoffliche Kraft, wie fühlt sich das an?

Wenn die Musik endet, bleiben Sie noch eine Weile stehen und spüren dieser Erfahrung nach. Diese Übung hilft Ihnen, sich mit spiritueller Energie zu verbinden.

3. Kapitel

Midi-Rückzug: täglich 15 bis 60 Minuten für die Reise nach innen

Midi-Rituale und meditative Übungen für den Alltag

In diesem Kapitel möchten wir Ihnen zeigen, wie wichtig und hilfreich es für Ihren Weg nach innen und zu sich selbst ist, sich täglich eine bestimmte Zeit einzurichten, die ganz alleine Ihnen gehört.

Sie können sich täglich Zeit nehmen, sich vom normalen Alltagsleben zurückziehen und in die Stille gehen.

Zeit, in der Sie sich ganz bewusst aus dem Kontakt mit anderen Menschen zurückziehen und alleine sind. Eine Zeit, in der Sie sich nach innen wenden und sich mit sich selbst beschäftigen, also innere Einkehr halten. Wir nennen diese Art des täglichen Rückzugs Midi-Rückzugsritual.

Es ist von der Zeitdauer her genau in der Mitte angesiedelt zwischen den Miniritualen, die Sie gerade kennen gelernt haben und den Maxiritualen, die im Anschluss daran beschrieben werden.

Sie können diese Zeit auch aufteilen, morgens und abends jeweils eine viertel bis eine halbe Stunde.

15 BIS 30
MINUTEN

Unter diesem Symbol finden Sie Anregungen für Midi-Rückzugsrituale, für die Sie zwischen 20 und 60 Minuten Zeit benötigen.

30 BIS 60
MINUTEN

Diese Zeit ist dazu da, sich bewusst zu entspannen, loszulassen und abzuschalten.

Die Erlebnisse des Tages oder die Träume der Nacht zu reflektieren und zu verarbeiten und damit bei sich anzukommen, bei den eigenen Gefühlen und Gedanken. Den Körper bewusst zu spüren und sich um die eigenen Bedürfnisse zu kümmern. Die Entspannungsübungen, die Sie in dieser Zeit machen können oder die meditativen Übungen, die Körperspürübungen und Phantasiereisen, die wir Ihnen hier vorstellen, helfen Ihnen dabei, sich intensiv zu entspannen und damit zu regenerieren.

Je regelmäßiger Sie diese Zeit für sich gestalten und die Übungen machen, desto mehr profitieren Sie davon und desto schneller gelingt es Ihnen, auf tiefe, erholsame und heilsame Ebenen Ihres inneren Seins zu gelangen.

Teile aus diesen längeren Übungssequenzen können Sie dann im Laufe des Tages als Kurzentspannung nutzen, um schnell wieder in den Zustand der Ruhe, des Bei-sich-Seins und der Regeneration zu kommen.

Machen Sie sich bitte bewusst: Jedes Handy braucht eine Ladestation und auch Sie brauchen Zeit für sich, in der Sie sich regenerieren.

Die richtige Tageszeit finden

Finden Sie zunächst heraus, wann für Sie die richtige Zeit ist.

Für manche ist der Morgen, bevor der Alltag mit all seinen Anforderungen beginnt, die richtige Zeit, um nach innen zu lauschen, bei sich anzukommen, sich zu spüren und in Ruhe für sich zu sorgen.

Andere nutzen die Mittagspause für sich, ziehen sich zurück, um zu meditieren, zu ruhen oder eine entspannende Körperübung zu machen.

Wieder andere nehmen sich am Abend, wenn Ruhe im Umfeld eingekehrt ist, Zeit für sich. Um zu meditieren, eine Entspannungsübung oder eine Phantasiereise zu machen. Oder sie schreiben in den Computer oder in ihr Tagebuch, was ihnen an diesem Tag begegnet ist, was sie gefühlt, erkannt und erlebt haben und welche Gedanken und Erlebnisse ihnen noch nachgehen.

Nehmen Sie die Zeit für sich selbst so wichtig wie alle anderen Termine in Ihrem Leben. Niemand wird dafür sorgen, dass Sie Zeit für sich haben, nur Sie selbst können dies tun.

Wenn Sie sich für eine bestimmte Zeit entschieden haben, können Sie als Nächstes für sich klären, was Sie in dieser Zeit für sich tun wollen.

Und an welcher Stelle in Ihrem Zuhause für Sie der richtige Ort ist.

Einen Rückzugsplatz gestalten

Sie können sich eine besondere Stelle in Ihrer Wohnung, auf Ihrem Balkon oder in Ihrem Garten für diesen Zweck einrichten und sich regelmäßig dort hin zurückziehen. Dies ist dann Ihr ganz persönlicher Rückzugsplatz.
An dieser Stelle können Sie all die Dinge griffbereit aufbewahren, die Ihnen wichtig oder „heilig" sind.

Das können Kerzen, Räucherwerk, eine Duftlampe, besondere Steine, Bücher, CDs, Instrumente, eine kuschelige Decke, in die Sie sich einhüllen, ein Meditationskissen , eine Meditationsmatte oder -bank sein, die Ihnen nach mehrmaligem Gebrauch sofort ein gutes Gefühl von Ruhe und Entspannung signalisieren. Auch eine besondere Kleidung, die weich ist, die Ihre Atmung und Bewegung nicht behindert, ist empfehlenswert.
Der Vorteil ist, dass im Laufe der Zeit schon allein dadurch, dass Sie sich an diesen Platz begeben, die Tür hinter sich schließen, die besonderen Kleidungsstücke anlegen, eine Kerze und Räucherwerk anzünden oder sich auf Ihr Meditationskissen setzen, innerlich sofort umschalten und wissen, jetzt ist Ihre heilsame Zeit gekommen. Das erleichtert Ihnen den Einstieg.

Die besonderen Gegenstände, die Sie in der Rückzugszeit verwenden, werden zu wichtigen Symbolen, die Ihnen helfen, leicht in Ihren meditativen Zustand zu kommen.
Für draußen oder wenn Sie unterwegs sind, packen Sie die wichtigsten Utensilien in eine Tasche, die Sie dann überallhin mitnehmen können.

Je öfter Sie Ihren persönlichen Platz nutzen, desto schneller geraten

Sie innerlich in die offene Haltung und Bereitschaft für das intensive Erleben Ihrer Rückzugszeit.

Es ist so, als würde dieser Platz im Laufe der Zeit die Energie und Schwingung, die Sie dort erleben, aufnehmen und speichern. Aber auch die Gegenstände, Gerüche, Instrumente oder Musik, die Sie in der Rückzugszeit nutzen, bekommen diese Signalwirkung. Sie sind dann wie optische, akustische oder taktile Anker, die Ihnen den Einstieg in Ihre Rückzugsphase erleichtern und Sie auf Ihrem Weg begleiten.

Wichtig ist, zunächst dass Sie diese Entscheidung treffen:
Diese Zeit gehört nur mir allein und ich gestalte sie so, wie es mir in diesem Augenblick guttut und gefällt.

Sie können in dieser Zeit einfach nur ausruhen, den Gedanken und Gefühlen nachhängen, die Wolken oder den Regen beobachten, Musik hören, sich mit einem angenehmen Duft umgeben, meditieren, sich kontemplativ versenken in Worte, Texte oder Bilder.
Sie können für eine Weile die üblichen Gedankenkreisläufe unterbrechen und intensiv und sinnlich in der Realität ankommen. Sie können barfuß über eine Wiese gehen und die Erde unter den Füßen spüren, sich in die Badewanne legen und das duftende warme Wasser genießen.
Sie können Ihren Atem spüren, Ihren Körper entspannen, eine Runde joggen oder einen Spaziergang um den Block machen. Sie können sich in Ruhe Ihrem Gefühlsleben zuwenden, ins Tagebuch schreiben oder eine fetzige Musik auflegen, zu der Sie sich bewegen oder tanzen.

Sie können eine Wahrnehmungs- oder Entspannungsübung machen oder eine Fantasiereise.

Wichtig ist, Sie kümmern sich in dieser Zeit nur darum, was Ihnen gerade guttut, wozu Sie in diesem Moment Lust haben.

Richten Sie Ihre Antennen nach innen und hören Sie sich in dieser Zeit einfach nur zu. Achten Sie darauf, was in Ihnen vorgeht, was Sie fühlen, denken, woran Sie Freude haben, was Ihnen Kummer macht, was Sie an diesem Tag angesprochen und berührt, oder was Sie verletzt oder aufgeregt hat. Machen Sie sich ehrlich bewusst, was Sie erlebt und gefühlt haben.
Ohne all Ihre Gedanken und Gefühle sofort zu kommentieren oder abzutun, sie zu bewerten oder zu kritisieren.

Hören Sie sich zu, nehmen Sie sich ernst und lassen Sie los, was Sie im Augenblick nicht ändern können.
Was Sie ändern können, ändern Sie.

Doch manchmal wissen wir nicht, was wir für uns tun können, wenn wir endlich einmal Zeit für uns haben. Deshalb geben wir Ihnen hier viele Anregungen für Ihre Auszeitspanne.

Fragen für die Rückzugszeit

Sie können sich in der Rückzugszeit einer der folgenden Fragen zuwenden:
- Was geht zurzeit in mir vor?
- Was fühle ich im Körper? Was sagt mir mein Körper?
- Welche Gefühle spüre ich und welche nicht?
- Wohin geht meine Kraft und Energie? In den Beruf, in die Familie, in meine eigenen Projekte?
- Was brauche ich zurzeit am meisten, was fehlt mir? Brauche ich mehr Kontakt zu Menschen, zur Natur oder mehr Ruhe und Rückzug? Mehr Input durch Anregungen und neue Ideen von außen oder möchte ich mehr meine eigenen Gedanken und kreativen Impulse nach außen ausdrücken?

Anregungen für jeden Tag – bewusst leben

Für diese meditativen Übungen brauchen Sie keine langen Vorbereitungszeiten, sie sind für den täglichen Gebrauch bestimmt und können Eingang finden in Ihr ganz normales Leben. Finden Sie für sich heraus, welche Meditation Sie am meisten anspricht und welche Sie in Ihren Alltag einbauen möchten.

Eine einfache Morgenmeditation

Bevor Sie den Tag beginnen, nehmen Sie sich 15 bis 30 Minuten Zeit für sich. Sie können sich, wenn Sie dazu Lust haben, mit Ihrem Kaffee, Tee oder heißem Ingwerwasser (ist sehr belebend und wärmend; dazu überbrühen Sie einige klein geschnittene Ingwerstückchen mit kochendem Wasser) und mit Ihrem Tagebuch an Ihren Lieblinsplatz setzen oder zurück ins Bett schlüpfen.

Setzen Sie sich aufrecht hin und schließen Sie kurz die Augen. Wie fühlen Sie sich heute Morgen? Sind Sie noch müde oder schon voller Tatendrang? Welche Stimmungen oder Gefühle klingen noch von der Nacht nach? Haben Sie etwas geträumt? Wie haben Sie geschlafen? Tief und erholsam oder waren Sie häufig wach?

Lassen Sie sich Zeit, Ihren Gefühlen und Gedanken nachzuhängen und machen Sie sich bewusst, wie es Ihnen an diesem neuen Morgen geht.

Trinken Sie ab und zu einen Schluck oder schreiben Sie eventuell in Ihr Tagebuch, was Sie geträumt oder gerade gedacht haben.

Oft haben wir im Morgengrauen, kurz bevor wir richtig wach werden, oder in den Träumen, viele tiefsinnige Einsichten, die sich in Luft auflösen, wenn wir sie uns nicht gleich am frühen Morgen bewusst machen und aufschreiben.

Lassen Sie dann allmählich den neuen Tag an sich herankommen. Wie ist das Wetter heute, wie sind die Temperatur und das Licht, scheint die Sonne oder regnet es?
Machen Sie sich allmählich bewusst, was Sie heute vorhaben.
Lassen Sie den Tag in aller Ruhe auf sich zukommen. Bitten Sie, wenn Ihnen danach ist, Ihre innere Weisheit oder göttliche Führung um Kraft für diesen Tag.
Zum Abschluss können Sie noch eine kleine Atem- oder Körperbewegungsübung machen und dann Ihren gewohnten Tagesablauf beginnen.

Diese einfache Form der Meditation, die Aufmerksamkeit auf sich zu richten, die Gefühle und Gedanken zur vergangenen Nacht, die augenblickliche Stimmung und die Überlegungen zum bevorstehenden Tag in Ruhe anzuschauen, ist eine wertvolle und hilfreiche Art, sich um sich selbst zu kümmern und sich selbst ernst zu nehmen. Sie hilft dabei, sich auf den Tag besser vorzubereiten und Energie und Kraft zu schöpfen.

Meditative Mittagspause

Nehmen Sie sich 15 bis 30 Minuten Zeit für sich.

15 BIS 30 MINUTEN

Sie können sich hinlegen, drinnen oder draußen, oder sich entspannt hinsetzen. Achten Sie darauf, dass Sie genügend frische Luft haben und dass Ihre Kleidung Sie nicht beengt. Ziehen Sie eventuell die Schuhe aus und öffnen Sie zu enge Kleidungsstücke.

Nehmen Sie zunächst einfach wahr, was Sie in diesem Augenblick um sich herum an Geräuschen, Gerüchen an Farben oder visuellen Eindrücken wahrnehmen können. Schließen Sie dann die Augen und spüren Sie in sich hinein.

Gehen Sie die einzelnen Ebenen kurz durch (Kurz-Check S. 67), wie fühlt sich die Atmung an, der Körper, welche Gedanken haben Sie sich gerade gemacht, welche Stimmung oder Gefühle hatten Sie bisher an diesem Tag?

Wenn Sie spüren, dass Sie bei sich angekommen sind, stellen Sie sich die Frage: Wozu habe ich jetzt Lust?

Möchten Sie sich noch weiter entspannen und ausruhen oder eine Bewegungsübung machen? Haben Sie Lust, Musik zu hören oder sich zur Musik zu bewegen? Möchten Sie die Sonnenstrahlen genießen oder eher den Schatten? Möchten Sie die Wolken beobachten oder Ihre Augen im Grün der Pflanzen, im Fließen eines Baches ausruhen lassen? Möchten Sie in Ruhe darüber nachdenken, was Ihnen der heutige Tag bisher beschert hat oder was Sie heute noch erwartet?

Midi-Rückzug

Schreiben Sie auf, was Ihnen durch den Sinn geht.
Oder schreiben Sie einfach nur einige Stichworte auf:
z. B. Wärme, Parkbank, bunte Blumen, Schatten unter
den Bäumen, Regenfeuchte ...
Lassen Sie sich Zeit, bei jedem Begriff, der Ihnen eingefallen ist, eine Weile nachzusinnen, was er in Ihrem
Inneren an Assoziationen und Bildern auslöst.

Wenn die Zeit um ist, reflektieren Sie bitte noch einen Moment, was das Wichtigste oder das Schönste bei dieser meditativen Mittagspause für Sie war und gehen Sie dann wieder
zu Ihren weiteren Tagesaktivitäten über.

Abendmeditation

Bevor Sie Ihren Feierabend beginnen oder sich zum Schlafen hinlegen, können Sie die folgende meditative Übung machen.

Nehmen Sie sich 15 bis 30 Minuten Zeit, legen Sie die Alltagskleidung ab und ziehen Sie etwas Bequemes an. Sie können sich einen Kräutertee kochen, eventuell eine warme Decke und Ihr Tagebuch bereitlegen oder den Computer anschalten. Lassen Sie frische Luft in den Raum und schauen Sie bewusst aus dem Fenster oder machen Sie noch einen kleinen Spaziergang. Vielleicht setzen Sie sich für diese Übung auf den Balkon oder in den Garten.

Wie ist das Licht draußen, die Temperatur, das Wetter, die Geräusche, die Gerüche, die Farben? Sehen Sie Wolken, den Mond oder das Funkeln der Sterne?

Machen Sie es sich, wenn Sie in der Wohnung bleiben, auf dem Sofa, am Computer, auf dem Boden oder in Ihrem Bett bequem. Schließen Sie die Augen und spüren Sie nach innen.

Richten Sie Ihre Aufmerksamkeit zunächst auf den Atem und auf den Körper. Fühlen Sie sich angespannt oder verspannt? Lassen Sie los und entspannen Sie zunächst Ihren Körper. Nehmen Sie die verspannten Körperstellen ganz bewusst wahr und stellen Sie sich vor, dass Sie jedes Mal beim Ausatmen den Atem sanft zu dieser Körperstelle fließen lassen und damit den Impuls geben, die Spannung loszulassen. Richten Sie dann Ihre Aufmerksamkeit auf die Gedanken, was geht Ihnen noch durch den Kopf?

Nehmen Sie sich eine Weile Zeit, den Tag noch einmal vor Ihrem inneren Auge ablaufen zu lassen. Wie haben Sie den Tag begonnen, was haben Sie im laufe des Tages getan, mit was haben Sie sich beschäftigt? Waren Sie mit anderen Menschen zusammen und mit wem? Waren Sie in geschlossenen Räumen oder in freier Natur? Was haben Sie vom Wetter, von der Jahreszeit an diesem Tag mitbekommen? Wie waren heute Ihre Stimmungen und Gefühle?

Und wie fühlen Sie sich jetzt? Sind Sie müde oder noch voller Energie? Fühlen Sie sich schlapp oder aufgeregt? Wie geht es Ihnen gerade? Wozu haben Sie jetzt noch Lust?

Mit jemandem reden oder einen Film ansehen? Schlafen gehen oder noch Musik hören, ein paar Seiten lesen oder in Ihr Tagebuch schreiben?

Sie können, wenn Ihnen danach ist, für diesen Tag dem Leben oder einem göttlichen Wesen danken.

Einen Kraftplatz finden

Sie können einen Kraftplatz im Haus oder in freier Natur finden.

Was brauchen Sie zurzeit am meisten? Einen Platz, an dem Sie sich ausruhen können, an dem Sie sich wohl und geborgen fühlen oder einen Platz, der Sie anregt und Ihnen neue Energien gibt?

Entscheiden Sie zunächst, was Sie gerade brauchen. Gehen Sie dann mit dieser Absicht auf die Suche.

Nehmen Sie den Platz, den Sie finden, für eine Weile als Ihren persönlichen Kraftplatz an. Ziehen Sie sich, wann immer es geht, an diesen Platz zurück. Um zu meditieren, sich auszuruhen oder eine Übung zu machen.

Entspannen Sie sich, indem Sie sich auf Ihren Körper und die Atmung konzentrieren, die Muskulatur kurz anspannen und dann mit einem Seufzer loslassen.

Schließen Sie die Augen und richten Sie Ihre Aufmerksamkeit nach innen. Lassen Sie Ihre Gedanken los, Sie müssen jetzt nichts leisten, alles was ist, ist in Ordnung.

Sie brauchen keinen außergewöhnlichen Ort zu finden, sondern nur einen, der Ihnen jetzt gerade guttut und der für Sie hilfreich ist.

Wenn Sie spüren, dass Sie innerlich ruhig geworden sind und keine besonderen Ansprüche oder Erwartungen an sich haben, setzen Sie sich in Bewegung.

Gehen Sie langsam durch Ihre Wohnung, durch ein Zimmer, durch den Garten, durch einen Park, über eine Wiese oder durch den Wald.

Lassen Sie sich Zeit!

Bleiben Sie mit der Aufmerksamkeit bei Ihrem Körper und Ihrer Atmung, stellen Sie den Blick Ihrer Augen auf „weich" ein.

Das heißt, Sie müssen jetzt nicht alles genau und scharf sehen, sondern Sie lassen Ihren Blick weich werden und umherschweifen. Achten Sie mehr auf Ihren Körper und Ihre inneren Empfindungen. Spüren Sie Ihr Herz, Ihren Bauch, Ihr Becken, Ihre Beine und Füße. Wie fühlt sich der Boden unter Ihnen an, wie sind die Lichtverhältnisse, die Temperatur der Luft, die Sie umgibt?

Gehen Sie langsam immer weiter, mal im Kreis, mal vor, mal wieder zurück, versuchen Sie, mit Ihrem Körper zu spüren, wo die Stelle ist, die sich gut anfühlt. Probieren Sie auch andere Stellen aus, bis Sie sicher sind: Dies ist die richtige Stelle.

Hier fühle ich mich wohl!

Schauen Sie sich dann, wenn Sie Ihren Kraft-Platz gefunden haben, an dieser Stelle um. Was können Sie sehen, was ist vor und was ist hinter Ihnen, was ist links und rechts von Ihnen? Was sehen Sie über sich und was unter sich?

Nehmen Sie einfach nur wahr und nehmen Sie an, dass Ihr Körper oder Ihre Intuition Sie genau an diese Stelle geführt hat.

Vielleicht gefällt Ihnen der Blick, den Sie von dieser Stelle aus haben, überhaupt nicht, doch es kann sein, dass genau diese Stelle Energien hat, die Ihnen jetzt gerade guttun.

Oder dass Ihnen an dieser Stelle etwas bewusst wird, was wichtig für Sie ist.

Schreiben Sie für sich auf, wohin es Sie gezogen hat und was Sie an dieser Stelle wahrnehmen, empfinden, fühlen und denken.

Abgrenzen lernen

Diese Übungen können Sie machen, wenn Sie sich Zeit für sich nehmen möchten, Ihnen aber noch viele Gedanken, Gespräche oder Bilder des Tages durch den Kopf ziehen, von denen Sie sich aber lösen und distanzieren wollen.

Stehen Sie aufrecht, spüren Sie die Erde unter Ihren Füßen und beginnen Sie damit, sich auszuschütteln.

15 BIS 30 MINUTEN

Schütteln Sie die Hände, die Arme, Ihren Oberkörper, die Füße, die Beine, das Becken, schlenkern Sie mit den Armen, atmen Sie laut oder seufzend aus oder stöhnen Sie, erlauben Sie sich, herzhaft zu gähnen. Machen Sie kleine Bewegungen, die allmählich größer werden.

Spüren Sie nach innen, welche Stimmung ist in Ihnen? Welche Tagesreste schwirren durch Ihren Kopf? Sind es noch Dinge, die Sie nicht erledigt haben, oder sind es die Schüler oder die Eltern, die Kolleginnen

oder Ihr Chef, Ihr Partner oder Ihre Kinder, Ihre Eltern oder Geschwister, Ihre Kunden oder Ihre Patienten, mit denen Sie sich immer noch beschäftigen?
Lassen Sie vor Ihrem inneren Auge all die Menschen an Ihnen vorüberziehen, mit denen Sie heute in Kontakt waren und dann lassen Sie los.
Erlauben Sie sich, zu allen zu sagen: Jetzt ist gut! Meine Arbeitszeit, meine Verantwortung ist jetzt vorbei. Ihr könnt jetzt gehen. Später oder morgen seid Ihr wieder dran.
Die Zeit jetzt gehört nur mir! Das ist meine Freizeit, meine Regenerationszeit, und die ist frei von Arbeit oder Pflichten!

Wenn Sie spüren, dass Sie sich zunehmend befreit und losgelassen haben, können Sie sich entspannt etwas anderem widmen.

Neinsagen üben

Machen Sie sich bewusst, dass all die Menschen oder Dinge, über die Sie nachdenken oder über die Sie sprechen, jetzt in diesem Augenblick um Sie herum und bei Ihnen sind.
Entscheiden Sie, ob Sie das wollen: dass Ihr Chef mit Ihnen auf dem Sofa sitzt oder die Kollegin, über die Sie sich heute sehr geärgert haben.
Üben Sie ganz bewusst, sich zu distanzieren, Nein zu sagen, sich zu verabschieden und loszulassen.

Gehen Sie mit Ihrer Aufmerksamkeit in Ihren Körper, spüren Sie, wo Sie angespannt oder verspannt sind. Beginnen Sie damit, sich sanft zu dehnen und zu strecken. Beugen Sie sich nach vorne, bis ihre Hände den Boden berühren und richten Sie sich dann wieder auf, Wirbel für Wirbel. Strecken Sie Ihre Hände nach oben in Richtung der Decke. Lassen Sie sie dann nach beiden Seiten sinken, als würden Sie einen großen Kreis mit ihnen beschreiben.

Schieben Sie die Luft um sich herum weg und schaffen Sie sich damit symbolisch Raum.
Atmen Sie laut fauchend und zischend aus und erlauben Sie sich, Töne zu Ihren Bewegungen zu machen.
Verscheuchen Sie mit einer Geste alles, was Sie jetzt nicht mehr brauchen oder wollen. Gedanken oder Bilder, die noch in Ihnen sind.
Stellen Sie sich bildlich und ganz konkret vor, wie Sie all die jetzt ungebetenen Gäste, die immer noch

in Ihren Gedanken sind, zu Ihrer Haustür begleiten, sie verabschieden, um dann in aller Ruhe alleine zu sein.

Schicken Sie auf diesem Weg auch alle unerledigten Arbeiten für den heutigen Tag fort.

Erlauben Sie sich, laut „Nein" zu sagen zu all den Menschen und Dingen, die Ihnen jetzt noch im Kopf herumschwirren.

Achten Sie auf Ihre Stimme. Wie sagen Sie Nein? Laut und deutlich oder zaghaft und leise? Probieren Sie eventuell eine Weile ein lautes „Nein", bis Sie spüren, dass es sich stimmig und überzeugend anhört.

Erinnern Sie sich auch im Alltag daran, Ihre eigenen Bedürfnisse ernst und wichtig zu nehmen und die Bedürfnisse der anderen nicht automatisch an erste Stelle zu setzen. Üben Sie, im Alltag Nein zu sagen, wenn Sie merken, dass Sie dazu neigen, Ihren Mitmenschen immer hilfreich und gefällig zu sein, ihnen Arbeit abnehmen, die sie selbst auch erledigen könnten. Oder wenn Sie spüren, dass andere sich ganz selbstverständlich auf Sie und Ihr Pflichtgefühl verlassen.

Sagen Sie auch Nein zu Ihren eigenen inneren Ansprüchen und Ihren raffinierten Überredungskünsten, mit denen Sie sich selbst immer wieder einspannen und selbst ausbeuten.

Vielleicht, weil Sie glauben, ein besonders guter Mensch zu sein, wenn Sie sich nicht wichtig nehmen und sich die Lasten anderer auf die Schultern laden.

Die innere Antreiberin erkennen

Unsere Art zu Denken hat, wie wir schon gesehen haben, großen Einfluss auf
* die Wahrnehmung und Beurteilung der Realität,
* unsere körperliche Befindlichkeit,
* unsere Gefühle,
* unser Handeln und Verhalten,
* unser Selbstverständnis,
* das Verstehen anderer,
* unsere Sinnfindung im Leben.

Wir können uns mit unseren Gedanken in die Hölle oder in den Himmel versetzen. Wir können mit unseren intellektuellen Fähigkeiten Lösungen finden für viele Lebensprobleme und wir können uns einmauern in selbst geschaffene Gefängnisse.
Unsere Art, etwas wahrzunehmen, es blitzschnell zu erfassen, es innerlich mit Worten zu benennen, beeinflusst unsere emotionale und körperliche Reaktion, unser weiteres Verständnis für die Situation und unser Handeln und Erleben.
Die Gedanken haben eine große Macht über uns selbst, wie wir etwas erleben und wie wir uns selbst und unsere Lebenssituation bewerten.
Und sie können Macht über andere haben, wenn wir uns ein Bild von ihnen machen und genau das an ihnen wahrnehmen, was wir über sie denken und von ihnen erwarten.

Doch dieser Zusammenhang ist uns oft in seiner Tragweite nicht bewusst.

Ein Beispiel: Ich muss

Achten Sie einmal darauf wie, oft am Tag Sie sich sagen: Ich muss noch dies oder jenes tun oder noch ganz schnell erledigen. Kaum schießt der Gedanke durch Ihren Kopf, schon beginnen Sie zu handeln. In der Regel schnell und hektisch und ohne wirklich bei der Sache zu sein.

Wenn Sie darauf achten, kann es sein, dass Sie sich innerlich sagen hören: Ich muss noch schnell das Geschirr in die Maschine räumen, die Wäsche aufhängen, dazwischen mir merken, dass die Milch ausgegangen ist; bevor ich aus dem Haus gehe, noch einen wichtigen Anruf tätigen; darf nicht vergessen gleich nach dem Benzinstand zu schauen und zu tanken. Gleichzeitig fällt Ihnen ein, dass Sie noch schnell Ihrem Kind einen Zettel hinlegen müssen, was heute zum Mittagessen geplant ist; die Katze muss noch gefüttert werden; das Katzenstreu stinkt und Sie merken, dass Sie schon wieder nicht rechtzeitig zur Arbeit oder zu Ihrem Termin kommen.

Was lösen diese Gedanken aus?

Auf der körperlichen Ebene: Wahrscheinlich werden Sie Ihr Tempo erhöhen, angespannt und hektisch herumzulaufen, der Atem wird flach sein, vielleicht bricht Ihnen auch der Schweiß aus. Sie sind in der Eile ungeschickt und machen fahrige, unkontrollierte Bewegungen.

Auf der emotionalen Ebene: Sie fühlen sich gestresst, unter Zeitdruck, angetrieben, unfrei, eingespannt. Nach einer Weile, vielleicht auch schon am frühen Morgen ausgelaugt, müde und lustlos, vielleicht auch wütend und verzweifelt. Oder Sie spüren Trotz und wehren sich innerlich gegen die Ansprüche und suchen insgeheim nach Ausflüchten und Schuldigen. Dann glauben Sie vielleicht, andere verlangten dies alles von Ihnen und Sie selbst seien das unschuldige Opfer.

Auf der gedanklichen Ebene: Die Gedanken sind schon gar nicht mehr beim jetzigen Handeln, sondern ganz woanders, in der Zukunft oder in der Vergangenheit, bei anderen Menschen oder in anderen Situationen, sie überschlagen sich, immer noch mehr gibt es zu bedenken, zu planen, abzuhaken.

Oder die Gedanken setzen einfach aus, Sie vergessen, was Sie tun oder holen wollten, haben Lücken, wissen nicht mehr, was Sie gerade wollten.

Aus dem Müssen wird eine Entscheidung:
Etwas tun wollen oder es sein lassen!

Nehmen Sie sich jetzt einige Minuten Zeit und sprechen Sie in Ruhe für sich aus oder schreiben Sie auf,
was Sie heute oder morgen oder in den nächsten Tagen vorhaben.
Machen Sie sich in aller Ruhe eine Liste.

15 BIS 30
MINUTEN

Es kann sein, dass Sie dabei schon merken, dass Ihre Vorhaben unmöglich umgesetzt werden können, dass Sie sich also
viel zu viel in einen Tag hineinpacken. Vielleicht wird Ihnen
jetzt bewusst, wie viel Sie sich abverlangen, was Sie alles
von sich erwarten, was Sie glauben, schaffen zu müssen.
Machen Sie die Probe: Wen kennen Sie, dem Sie all dass, was
Sie von sich erwarten, zutrauen würden, dass er oder sie es
genauso gut und schnell erledigen kann, wie Sie selbst?
Wahrscheinlich fällt Ihnen niemand ein, dem Sie all diese
Aufgaben zumuten würden.
Gut und schnell zu reagieren, wenn zum Beispiel das Kind
weint, weil es hingefallen ist und getröstet werden will;
gleichzeitig das Essen im Auge behalten, das auf dem Herd
kocht; der Freundin zuhören, die anruft und Probleme hat;
nicht vergessen, noch schnell den Anzug aus der Reinigung
zu holen und daran denken, dass das andere Kind rechtzeitig
vom Musikunterricht abgeholt werden muss.

Viele Menschen, vor allem Frauen, sind häufig perfekt darin,
mehrspurig zu denken und zu handeln, viele Dinge gleichzeitig zu tun und ständig umzuschalten und die eigenen Plä-

ne flexibel der jeweiligen Situation anzupassen. Sowohl die logischen Abläufe von Handlungen als auch die Befindlichkeiten und Bedürfnisse der beteiligten Menschen im Auge zu behalten und sie in die eigene Planung mit einzubeziehen. Viele Frauen managen die vielfältigen Aufgaben in der Familie und im Beruf so ganz nebenbei.

Und innerlich sind wir Frauen natürlich auch ein wenig stolz, wenn wir feststellen, wie viel wir leisten und bewältigen können, so ganz nebenbei. Manchmal stöhnen wir dann zwar bei der guten Freundin über unseren Stress, ändern aber nichts daran, weil wir auch etwas davon haben, nämlich das gute „heroische" Gefühl, belastbar und leistungsfähig zu sein.

Doch was nutzt uns dieser heimliche Stolz auf unsere Leistung? Da wir uns diese Leistung zwar selbst abverlangen, wir sie also freiwillig erbringen, aber vor uns und der Welt so tun, als wäre es nichts Besonderes, so viel gleichzeitig leisten zu können, bekommen wir dafür auch keinerlei Anerkennung, Bestätigung oder Wertschätzung.
Weder von andern noch von uns selbst.
Hinzu kommt, dass in der heutigen Zeit diese vielen unterschiedlichen, organisatorischen und versorgenden Arbeitsleistungen zwar notwendig sind, um den Alltag zu bewältigen, aber sie werden nicht benannt oder anerkannt als Arbeit.

Es sind Leistungen, die selbstverständlich vor allem von Frauen erwartet werden und die zur Rubrik Haus-, Beziehungs- und Familienarbeit gehören und schlichtweg als Nicht-Arbeit (Privatvergnügen) definiert sind.

Midi-Rückzug

Da in unserer Zeit aber nur als Arbeit gilt, was Geld einbringt, sind diese Arbeiten, weil unbezahlt und dem Privatleben zugeordnet, einfach ausgegrenzt aus dem Blickfeld.

In der Arbeitswelt werden diese Fähigkeiten, einfühlsam und flexibel, mehrspurig und vorausschauend zu denkend und zu handeln, belastbar, fürsorglich und andere mit einbeziehend zu sein, zwar genutzt, aber nicht anerkannt und weder ideell noch materiell gewürdigt.

Oft hetzen wir uns also in einem atemberaubenden Tempo durch den Alltag, sind am Abend erledigt und haben kein Gefühl dafür, was wir alles geleistet haben.
Es ist so, als wäre ein großer Teil unserer Leistungsfähigkeit vor uns selbst und vor anderen verborgen.
Da weder wir selbst noch die Umwelt unsere Leistungen benennen und würdigen, ja, sie als selbstverständlich ansehen, fühlen wir uns oft mittelmäßig, ungenügend oder gar minderwertig, da wir ja nichts Besonderes außer den alltäglichen Arbeiten zustande bringen.
Oft bleibt nur ein Erschöpftsein und das deprimierende Gefühl, nichts wirklich erledigt oder gearbeitet zu haben, denn es sind schon wieder tausend Dinge, die uns durch den Kopf schwirren. Und wir sehen meist nur das, was nicht gemacht wurde, anstatt auch das zu beachten, was wir erfolgreich erledigt haben.

Wir haben weder gelernt, ruhig und planmäßig an die vielen Alltagsarbeiten heranzugehen, sie als Arbeit zu definieren, Prioritäten zu setzen und uns zu entscheiden, was wir wirklich an diesem Tag und

in welcher Reihenfolge erledigen wollen und können.
Genauso wenig haben wir gelernt, nach einer gewissen Zeit, vielleicht am Abend oder am Wochenende, Bilanz zu ziehen und bewusst zu sehen und zu würdigen, was wir alles erledigt haben.

Täten wir das, dann könnten wir vielleicht auch zufrieden sein mit diesem Tag und mit unserer Leistung und könnten uns wirklich Pausen und Freizeit gewähren.
Und uns für unsere Arbeit anerkennen und wertschätzen.

Da unsere Gedanken so blitzschnell hin- und herflitzen und wir daran gewöhnt sind, hinterher zu flitzen, ist schon alleine die Verlangsamung bei dieser Übung hilfreich. Indem wir etwas genau formulieren oder aufschreiben, können wir aus diesem ungesunden Kreislauf ausbrechen.

Uns zunächst zuzuhören, was wir uns ständig innerlich erzählen und zu merken, wie viel Druck wir uns damit machen, ist ein wichtiger Schritt auf dem Weg, den Stress, unter dem wir oft leiden, zu verringern.

Wenn wir uns also angewöhnen, in Ruhe die wichtigsten Sachen zu planen und uns selbst zu sagen: Ich entscheide mich jetzt, dies und jenes heute oder in dieser Woche zu tun, ist ein wesentlicher Schritt zur Entstressung unseres Alltags getan.

Nehmen Sie sich jetzt Zeit, um in Ruhe aufzuschreiben:
Was habe ich heute oder in der vergangenen Woche erfolgreich erledigt?

Benutzen Sie dafür einen Kalender, in dem Sie regelmäßig notieren, was Sie vorhaben, was Sie erledigt haben und wie viel Zeit dafür notwendig war.

30 BIS 60 MINUTEN

Machen Sie sich wirklich bewusst, was Sie an einem Tag getan, erlebt und erfahren haben.

Auf diesem Weg können Sie lernen, stressfreier und zufriedener Ihren Alltag zu leben. Es kann sein, dass Sie auf diesem Weg die Erfahrung machen, dass Sie sogar mehr erledigen, als an Tagen, an denen Sie sich selbst Stress und Druck machen. Wenn Sie aufschreiben, was Sie an diesem Tag erledigt haben und was gut war, dann verändert sich auf Dauer auch Ihr Selbstbewusstsein und Ihr Selbstwertgefühl.

Wohin geht meine Energie?

Sie brauchen dazu Papier, Stifte und eine entspannende Musik, mit der Sie zur Ruhe kommen.

Diese Übung hilft Ihnen dabei herauszufinden, wie viel Zeit Sie für sich und für andere, für die Arbeit, die Familie, den Haushalt, Freizeit und Hobbys aufwenden.

Entspannen Sie sich, schließen Sie die Augen und gehen Sie in Gedanken den vergangenen Tag noch einmal durch.

30 BIS 60 MINUTEN

Stellen Sie fest, was genau Sie an diesem Tag für sich und für oder mit anderen getan haben. Wie viel Zeit haben Sie für was aufgewendet?

Beachten Sie auch, wohin Ihre Gedanken und damit Ihre geistige Energie gegangen sind.

War dieser Tag typisch für Ihr momentanes Leben oder war heute ein besonderer Tag?

Öffnen Sie dann die Augen und malen Sie zwei große Kreise.

Sie symbolisieren zusammen einen 24-Stunden-Tag.

Bitte zeichnen Sie jetzt ein, wie viele Stunden Sie normalerweise schlafen, arbeiten, mit Körperpflege, Haushaltsdingen (Einkaufen, Kochen, Aufräumen, Waschen, Putzen, Bügeln), beschäftigt sind.

Wie viel Freizeit Sie nur für sich haben. Zeit für Freunde, Hobbys, Lesen, Ausruhen, Kino, Sport, politische, soziale und kreative Tätigkeiten oder spirituelle Bedürfnisse.

Midi-Rückzug

Es kann sein, dass Sie zufrieden sind oder ein Ungleichgewicht erkennen.

Malen Sie, wenn Sie nicht zufrieden sind, noch zwei Kreise, in denen Sie Ihre Zeit so verteilen, wie es sich für Sie gut anfühlen würde.

Das muss noch nicht realistisch und sofort umsetzbar sein. Es sollte Ihnen aber deutlich machen, was Sie in Zukunft brauchen, wollen und was Sie anstreben.

Die Perspektive ändern

Diese Übung hilft Ihnen dabei, etwas genau wahrzunehmen und sich dann hineinzuversetzen. Etwas von einem anderen Standpunkt aus zu betrachten.

Sie schult nicht nur Ihr Einfühlungsvermögen, sondern sie fördert auch Ihre Kreativität und die Fähigkeit, von verschiedenen Standpunkten aus etwas zu sehen und zu verstehen.

Sie kommen damit auch sich selbst näher, denn Sie können Seiten an sich entdecken, die Ihnen bisher verborgen waren.

Schauen Sie eine Pflanze, einen Baum, die Regentropfen, einen Bach, einen Fluss, Steine, Berge, das Meer, die Wolken, ein Feuer, eine Kerzenflamme oder was immer Sie gerade anspricht oder fasziniert, so genau wie möglich an. Sie können diese Übung auch mit Kunstwerken machen.

Beschreiben Sie innerlich oder schreiben Sie auf, was Sie sehen. Schenken Sie Ihre gesamte Aufmerksamkeit diesem Phänomen und versuchen Sie, alle Details wahrzunehmen.

Stellen Sie sich nun vor, Sie schlüpften in die Rolle oder in die Haut des Angeschauten.

Sie sind jetzt das Angeschaute.

Wie würden Sie sich selbst beschreiben? Wie fühlt es sich in dieser anderen Existenz an?

Wie wäre Ihre Einstellung zum Leben, Ihr Zeitempfinden, wenn Sie in der Haut des Angeschauten stecken würden?

Gehen Sie dann wieder zu sich selbst zurück und notieren Sie, was Ihnen aufgefallen, eingefallen oder
zugefallen ist.

(Zum Beispiel können Sie einen Stein betrachten: Sehen Sie
die Maserung, spüren Sie sein Gewicht, schließen Sie dann
die Augen und riechen Sie, nach was er riecht. Legen Sie Ihr
Ohr an den Stein oder Ihre Stirn. Versetzen Sie sich nun in
den Stein, lassen Sie zu, was immer Ihnen einfällt, wenn
Sie an die Herkunft oder das bisherige Leben dieses Steines
denken. Nehmen Sie Ihre Gedanken und inneren Bilder ernst.
Lassen Sie sich eine Weile Zeit, diesen Blickwinkel und die
Lebensweise des Steins zu erkunden.)

Vielleicht konnten Sie etwas Neues durch diesen Perspektiv-
wechsel erfahren. Versuchen Sie alles, was Sie in der Rolle des
Angeschauten erlebt haben, daraufhin zu überprüfen, ob es
etwas mit Ihrem eigenen Leben zu tun hat.

Körperteile dürfen sprechen

Nehmen Sie sich Zeit, um aufzuschreiben, was Sie in Ihrem Körper wahrnehmen. Diese Übung ist vor allem dann wichtig, wenn sich Ihr Körper mit häufig auftretenden Verspannungen oder mit Schmerzen zu Wort meldet. Hören Sie in sich hinein und versuchen Sie herauszufinden, was Ihnen fehlt.

Spüren Sie in Ihren Körper hinein und finden Sie Worte für Ihre Empfindungen. Gibt es Stellen, die sich locker, warm, lebendig, weich, energiegeladen oder müde, schwach, kühl, kalt, hart, schmerzend, brennend, stechend, pochend, verspannt, nichtssagend anfühlen? Wenn Sie eine Stelle gefunden haben, die Ihr Interesse weckt, dann versuchen Sie, noch mehr zu spüren. Benennen Sie dann, was Ihnen auffällt.

(Zum Beispiel: Meine Schulter ist hart und angespannt.)

Dann versetzen Sie sich in das entsprechende Körperteil und sprechen Sie aus, was dieses Körperteil zu sagen hat. Was würden Ihre Schultern, Ihr Magen, Ihre Beine, Ihr Füße, Ihr Bauch oder Ihre Hände sagen, wenn sie eine Stimmen hätten?

Sprechen Sie von dieser Position aus in der Ichform.

(Vielleicht würde Ihre Schulter sagen: „Ich strenge mich an, um all die Lasten zu tragen.")

Hören Sie genau zu, was Sie selbst spontan und unzensiert aussprechen, wenn Sie sich in Ihre Schulter hineinversetzen.

Fragen Sie dann Ihre Schulter: „Was brauchst du, damit es dir besser geht?"

Hören Sie gut zu, was Ihre Schulter Ihnen an Hinweisen gibt, was sie braucht, um wieder heil und gesund zu werden. (Vielleicht sagt sie, dass sie mal schwimmen, in die Sauna oder eine Massage will.)
Bedanken Sie sich für den Hinweis und nehmen Sie ihn ernst.
Was sagt Ihr Magen zu Ihren Lebens- und Essgewohnheiten? Was sagen Ihre Muskeln im Nacken zu Ihrem Leben? Sind sie angespannt, gepanzert, drücken sie Furcht oder Ärger, Überlastung oder Stress aus? Nehmen Sie sich Zeit herauszufinden, was Ihre Körperteile Ihnen zu sagen haben.

Schreiben Sie auf, was Ihnen bei dieser Übung klar wird. Eventuell entscheiden Sie sich nach dieser Übung, einen Arzt oder Heilpraktiker aufzusuchen.

Gefühle malen

Diese Übung kann Ihnen dabei helfen, sich Ihrer Gefühle bewusst zu werden und sie auszudrücken. Wenn Sie spüren, dass etwas mit Ihnen los ist, Sie aber nicht verstehen, was es ist, dann könnten Sie auf diesem Weg Ihr Gefühlsleben erforschen und sich selbst besser verstehen lernen.

Sie brauchen dazu Papier und farbige Stifte, Buntstifte oder Wachsmalkreiden. Sie können auch mit Wasser- oder Acrylfarben malen.

Vielleicht möchten Sie auch Musik hören, die Sie gerade besonders mögen.

Stellen Sie die Musik an und setzen Sie sich bequem hin. Legen Sie die Farben und das Papier griffbereit und schließen Sie die Augen. Jetzt können Sie in sich spüren, atmen Sie tief durch, entspannen Sie sich und lassen Sie los. Sie müssen jetzt nichts leisten. Lassen Sie sich einfach ein auf das, was Sie im Inneren spüren. Lassen Sie Ihren Atem zu und entspannen Sie sich immer mehr.

Hören Sie der Musik zu, die Ihnen zur Zeit besonders gefällt. Intuitiv werden Sie eine Musik gewählt haben, die etwas mit Ihren innersten Gefühlen zu tun hat.

Wenn Sie spüren, dass Sie bei sich angekommen sind, nehmen Sie, ohne lange nachzudenken, die Farbe, die Sie jetzt gerade anspricht und bewegen Sie den Stift oder den Pinsel so auf dem Blatt (am besten mit geschlossenen Augen), wie Sie sich gerade fühlen.

Stellen Sie sich vor, Sie lassen alles, was in Ihrem Inneren ist, durch die Hand und die Farbe nach außen fließen.

Denken Sie bitte nicht darüber nach, was Sie ausdrücken wollen oder was dabei herauskommen soll.

Vielleicht machen Sie einfach nur Punkte oder Striche, Wellen oder Kringel, Zickzacklinien oder Kleckse.

Erlauben Sie sich, nicht zu wissen, was es werden soll und machen Sie einfach weiter.

Bis zu dem Punkt, an dem Sie spüren, jetzt ist alles ausgedrückt. Öffnen Sie die Augen und schauen Sie nach, was entstanden ist.

Stehen Sie dann auf, bewegen Sie sich im Raum, gehen Sie auf Distanz zu Ihrem „Werk". Schauen Sie aus einiger Entfernung darauf und versuchen Sie, ganz neutral zu sehen, was entstanden ist.

Gehen Sie nahe an Ihr Werk und schauen Sie die Details an.

Benennen Sie, was Sie sehen, ohne zu kritisieren. Stellen Sie einfach nur fest: dicke Farbe, dünne, zarte Farbe, zaghaft, stark aufgedrückt, durchscheinend, deckend.

Stellen Sie sich dann vor, das Bild könnte zu Ihnen sprechen, was würde es über sich selbst sagen?

Wechseln Sie die Perspektive und sprechen Sie aus oder schreiben Sie in Ihr Tagebuch, was Ihr Werk zu sagen hat.

Beginnen Sie den Satz mit: Ich bin ...

Hören Sie genau hin und nehmen Sie an, was sich an Gefühlen auf Ihrem Bild ausgedrückt hat.

Vielleicht entdecken Sie bei dieser Übung Gefühle, die Ihnen gar nicht bewusst waren und die auf diesem Weg einen Ausdruck finden konnten.

Gefühle im Körper spüren

Diese Übung kommt ursprünglich aus der Bioenergetik. Sie hilft dabei, möglicherweise längst vergessene Gefühle wieder zu beleben und zu spüren. Oder sich auf einer tiefen muskulären und emotionalen Ebene zu entspannen. Durch die bewusste Anspannung kann sich die oft chronische Muskelverspannung unwillkürlich lösen und die Blutzirkulation kann wieder ungehindert fließen. Nehmen Sie sich für diese Übung mindestens 45 Minuten Zeit und schreiben Sie im Anschluss daran auf, was Ihnen begegnet ist. Stellen Sie eine Uhr so, dass Sie die Zeit im Auge behalten können.

Legen Sie sich bequem auf den Rücken und stellen Sie die Fußsohlen auf den Boden. Die Arme liegen in Schulterhöhe nach links und rechts ausgestreckt und die Handflächen zeigen nach oben.

Beginnen Sie dann im Zeitlupentempo, Ihre Hände und Arme langsam, Millimeter für Millimeter, hochzuheben. Machen Sie weiter, auch wenn Sie glauben, es nicht zu schaffen.

Die Hände bewegen sich nach oben, bis sie sich, nach etwa 20 Minuten, hoch oben in der Luft treffen.

Spüren Sie eine Weile, wie es sich anfühlt, wenn die Hände sich getroffen haben.

Lassen Sie sich dann wieder mindestens 15 Minuten Zeit für den Weg zurück.

Ihre Arme und Hände sinken wieder ganz langsam, im Zeitlupentempo, in Richtung Boden. Ruhen Sie dann eine Weile nach der Anstrengung aus.

Achten Sie darauf, was in Ihnen vorgeht, wenn Sie Ihre Hände so langsam vom Boden aufheben und auf die Reise schicken. Es kann sein, dass es plötzlich in Ihren Armen oder im Brustkorb zu zittern, zu zucken und zu vibrieren beginnt. Lassen Sie es zu.

Es bedeutet nur, dass sich Ihre lange verspannte Muskulatur unwillkürlich, ohne Ihre Kontrolle, durch ein Zittern oder Rucken entspannt und dass sich lange Zeit festgehaltene Gefühle lösen.

Lassen Sie zu, dass Sie sich vielleicht grämen, ob Sie die Zeit durchhalten, ob sich die Hände wirklich in der Mitte treffen, oder dass Sie plötzlich eine tiefe Sehnsucht verspüren. Vielleicht spüren Sie auch das Gefühl, ausgeliefert zu sein oder Sie werden traurig, weil Sie das Gefühl haben, um Nähe zu bitten und niemand antwortet Ihnen. Es kann sein, dass viele schmerzliche, einsame oder wütende Gefühle in Ihnen aufsteigen. Vielleicht lösen sich Töne aus Ihrem Inneren und Sie beginnen zu stöhnen oder zu schluchzen. Lassen Sie alles zu, was geschieht.

Oder Sie spüren einfach, wie gut es tut, wenn sich Ihre verspannten Muskeln in den Armen, Schultern und im Brustbereich durch die erneute Anspannung unwillkürlich entspannen.

Vielleicht erleben Sie ganz unspektakulär, wie entspannend und entstressend diese Übung ist.

Die Welt der Töne neu entdecken

Diese Übung kann Ihnen dabei helfen, die Lust am Hören wieder zu entdecken. Sie hilft Ihnen dabei, Ihr Hörempfinden zu steigern, mehr Genuss und Intensität beim Hören zu empfinden. Sie brauchen eventuell ein Tuch, um die Augen zu bedecken und Musik, die Sie nach der Übung genießen möchten. Nehmen Sie sich ungefähr 30 Minuten Zeit für diese Übung.

Setzen oder legen Sie sich bequem hin. Schließen Sie die Augen oder legen Sie sich ein Tuch auf die Augen. Entspannen Sie sich.

Achten Sie auf Ihren Atem, wie er kommt und wie er geht.

Richten Sie nun Ihre Aufmerksamkeit auf die Geräusche, die Sie um sich herum hören können.

Das Dröhnen eines Flugzeugs, das Zirpen einer Grille, das Ticken einer Uhr, den Fernseher aus dem Nebenzimmer.

Was hören Sie noch?

Lassen Sie sich Zeit, die Geräusche und die Zwischenräume, die Momente der Stille, zu hören, das Auf- und das Abschwellen der Geräusche, die Tonhöhen und Tiefen.

Lauschen Sie dann nach innen.

Was hören Sie hier? Das Rauschen des Blutes, das Pochen Ihres Herzens, ein Gluckern im Bauch? Hören Sie den Luftstrom Ihres Atems, die Pausen dazwischen? Was hören Sie noch? Lassen Sie sich immer tiefer darauf ein, nach innen zu lauschen. Bleiben Sie wach

Midi-Rückzug

und offen, falls Ihre Gedanken abschweifen, kehren Sie zurück und hören Sie immer weiter in sich hinein.

Lassen Sie Ihre Ohren immer tiefer eintauchen in Ihre innere Welt. Vielleicht tauchen Bilder in Ihnen auf, Farben, Gefühle. Vielleicht hören Sie aus den Tiefen Ihres Seins Ihre innere Stimme. Wenn nicht, ist das auch in Ordnung.

Nehmen Sie alles an, was Sie hören können, die Geräusche und die Stille.

Wenn die Zeit um ist, die Sie sich vorgenommen haben, danken Sie Ihren Ohren für dieses Erlebnis.

Atmen Sie tief aus, dehnen und strecken Sie sich langsam, öffnen Sie die Augen und kommen Sie wieder zurück ins Hier und Jetzt.

Wenn Sie möchten, können Sie im Anschluss an diese Übung noch ein Musikstück hören.

Sie werden überrascht sein, wie intensiv und genussvoll Sie diese Musik jetzt hören können.

Musik intensiv erleben

Nehmen Sie sich mindestens 30 Minuten Zeit, um bewusst Musik zu hören.

Sie brauchen dazu eine oder mehrere CDs (eventuell verschiedene Stilrichtungen – Klassik, Rock, Tango, Walzer, Schlager – wenn Sie erkunden wollen, was Musik in Ihnen an Gefühlen oder Erinnerungen auslöst) und Ihr Tagebuch, Papier und Stifte zum Aufschreiben oder Farben zum Malen.

Machen Sie es sich bequem und hören Sie die Musik, die Ihnen gefällt oder die Sie anspricht. Die Sie beruhigt oder die Sie anregt, die Sie beschwingt oder fröhlich macht, die Sie abschalten lässt oder die in Ihnen gute oder alte Gefühle auslöst.

Lassen Sie sich von den Klängen, den Instrumenten, den Stimmen umschmeicheln, streicheln, berühren.

Spüren Sie, wie Ihr Körper zum Resonanzkörper wird und mitschwingt, wie die Töne all Ihre Zellen zum Mitschwingen bringen. Nehmen Sie einfach nur wahr, was geschieht und versuchen Sie, auch Gefühle zuzulassen, die Sie gewohnheitsmäßig ausschalten.

Gehen Sie, getragen durch die Musik, durch emotionale Höhen oder Tiefen, die Sie vielleicht in sich spüren können, wenn Sie sich erlauben, diese Gefühle zuzulassen. Sie nehmen die Gefühle wahr, spüren sie und lassen sie weiterziehen.

Wenn Sie wollen, können Sie im Anschluss für sich notieren, was Ihnen bei dieser Übung begegnet ist. Oder Sie malen Ihre Gefühle, wie auf S. 174 beschrieben.

Sich zur Musik bewegen

Musik kann uns dabei helfen, ganz bei uns anzukommen und uns zu entspannen. Sowohl wenn wir Musik hören, selbst Musik machen oder singen, als auch wenn wir uns zur Musik bewegen.

Das Sufi *Hou*

15 BIS 30 MINUTEN

Dies ist eine Bewegungsübung, die den Kreislauf in Schwung bringt und erdet, das heißt, vom Kopf in den Körper und zu den Gefühlen bringt. Sie können diese Übung immer dann machen, wenn Sie sich müde und energielos fühlen oder wenn Sie sich innerlich unruhig und gestresst fühlen.
Sie brauchen dazu die CD „Meditation der Himmelsrichtungen" von Jabrane Mohamed Sebnat.
Es geht bei dieser Meditation darum, sich einfach zu bewegen, im Rhythmus der Musik zu schwingen und die innere Lebendigkeit zu spüren. Hören Sie auf Ihren Körper, und erlauben Sie sich, Bewegungen zu finden, die Ihnen Freude machen und die sich gut anfühlen. Bringen Sie damit Ihre Lebendigkeit und Schönheit zum Ausdruck.
Mit dieser Übung lassen Sie zudem Verspannungen und Blockaden los und bringen gleichzeitig, durch die verstärkte Atmung, neue Energie in den Körper.

Im Anschluss daran, wenn Sie die tiefe Entspannung genießen möchten, die nach dieser Bewegung fast von alleine entsteht, eignet sich das stille Sitzen oder Liegen mit der Musik des 9. Stücks der oben genannten CD.

Sie können nach der entspannenden und belebenden Bewegung auch eine Fantasiereise machen.

Body Jazz

Dies ist eine Körperspür- und Bewegungsübung, die wir von Gabrielle Roth übernommen haben.
Hören Sie dazu den 6. Teil, „Body Jazz", der CD „Initiation" von *Gabrielle Roth & The Mirrors*.

Die Musik hilft Ihnen, sich zu bewegen und dabei den Fokus auf den Körper zu richten. Nacheinander richten Sie Ihre Aufmerksamkeit auf verschiedene Körperbereiche und wandern so vom Kopf bis zu den Füßen. Schütteln, dehnen, kreisen, wackeln und lockern Sie sich. Diese Übung dauert etwa 15 Minuten und steigert die Bewusstheit für Ihren Körper.

Bewegen Sie im Rhythmus der Musik, langsam und achtsam

1. den Kopf
2. die Schultern
3. die Ellenbogen und Arme
4. die Hände
5. die Hüften und den Bauch
6. die Beine und Knie
7. die Füße.

Wenn die Musik endet, legen Sie sich hin und spüren Sie nach, was Sie in Ihrem Körper wahrgenommen und welche Gefühle Sie entdeckt haben. Schreiben Sie auf, wenn Sie auf Körperregionen gestoßen sind, die Ihnen besonders angenehm oder besonders unangenehm waren.

Den eigenen Tanz finden

Diese Übung kann Ihnen dabei helfen, Ihre Lebensenergie und Lebensfreude zu wecken. Sie lassen sich von einer Musik berühren und kommen in Bewegung und in Schwung. Sie können damit lernen, sich selbst und Ihre Gefühle, Ihre Freude oder Ihre Trauer, Ihren Schmerz oder Ihre Leidenschaft zu fühlen und mit Ihrem ganzen Körper auszudrücken.
Sie brauchen eine Musik, die Ihnen gerade gefällt, die Sie anspricht, die Ihnen guttut.

15 BIS 30
MINUTEN

Legen Sie die Musik auf, die Ihnen jetzt gerade in diesem Moment gefällt. Stellen Sie sie so leise oder so laut, wie es Ihnen guttut und dann bewegen Sie sich und tanzen Sie dazu. Bewegen Sie sich im Rhythmus der Musik mit Ihrem ganzen Körper. Denken Sie nicht darüber nach, wie Ihre Bewegungen von außen gesehen aussehen, sondern bleiben Sie ganz beim inneren Spüren.

Schnipsen Sie mit den Fingern, klatschen Sie in die Hände, stampfen Sie mit den Füßen, springen Sie hoch in die Luft. Lassen Sie sich umspülen, umschmeicheln von den Tönen der Musik, der Stimme der Sängerin oder des Sängers. Baden Sie in der Musik, lassen Sie sich streicheln und liebkosen von den Tönen, lassen Sie sich berühren von den Vibrationen und Schwingungen tief in Ihrem Bauch. Lassen Sie die Musik wie einen Wasserfall durch sich hindurchrauschen und alles Verkrustete und Festhaftende wegspülen. Und lassen Sie all Ihre Gefühle zu. Ob Sie Sehnsucht oder Wehmut, Glücksgefühle oder Liebe im Herzen spüren

oder Kraft und Energie, Lebensfreude, Lust und Leidenschaft im Bauch oder im Becken.

Es ist völlig egal, ob Sie dabei weinen oder lachen,
ob sie mitsingen oder mitschreien, grölen oder sich
von den Tönen sanft und still umspielen, umspülen,
tragen lassen.

Lassen Sie alles zu, was geschieht und bewegen Sie
sich so, wie es sich gut anfühlt. Erlauben Sie sich,
wie ein Vamp oder ein verrückter Teenager, eine wilde
Frau oder eine sanfte Elfe zu tanzen.

Egal wie, aber tanzen Sie, erleben Sie die sinnlichen,
erotischen oder sanften Bewegungen Ihres Körpers
und drücken Sie all die Gefühle in Bewegungen und
Gesten aus, die jetzt in Ihnen sind.

(Schließen Sie die Fenster, wenn Sie gerne laute Musik hören
oder selbst laut werden dabei, damit Sie keinen Ärger mit der
Nachbarschaft bekommen.)

Das eigene Lied finden

Dies ist eine Übung, die Ihnen dabei helfen kann, sich selbst, Ihren eigenen Stimmungen und Gefühlen nahezukommen und sie auszudrücken.

Sie brauchen dazu kein Wissen über Noten und keine Liedtexte.

Sie brauchen ein Rhythmus- oder ein Musikinstrument, wie Rassel, Trommel, Klangstäbe, Klangschale, Xylofon oder was immer Sie zur Verfügung haben. Und Sie brauchen Experimentierfreude und den Mut, sich auf eine ungewöhnliche aber dennoch sehr intensive und heilsame Übung einzulassen. Bei der Sie sich selbst sehr nahekommen und vielleicht überrascht sind von sich selbst.

Entspannen Sie sich, schließen Sie die Augen und kommen Sie in sich selbst an. Spüren Sie tief in sich hinein.

15 BIS 30 MINUTEN

Nach einer Weile beginnen Sie mit geschlossenen Augen, mit dem ausgewählten Instrument Töne zu machen.

Beginnen Sie ganz langsam und leise, experimentieren Sie damit, welche Töne sich hervorlocken lassen.

Lassen Sie einfach das, was Sie im Inneren fühlen, nach außen fließen in das Instrument. Drücken Sie eine Weile Ihre innere Befindlichkeit, Ihre Stimmung aus. Langsam oder schnell, laut oder leise, ganz wie es sich gut anfühlt.

Dann nehmen Sie Ihre Stimme dazu. Erlauben Sie sich, hoch oder tief, sanft oder kräftig zu summen, Vokale, Worte, Sätze ertönen zu lassen und aus vollem

Midi-Rückzug

Herzen zu singen. Erfinden Sie eine eigene Sprache, wie Kinder es manchmal tun.

Machen Sie so lange weiter, bis Sie spüren, dass Sie alles ausgedrückt haben, was sich in Ihrem Inneren angesammelt hat.

Am Ende nehmen Sie sich noch einige Minuten Zeit, um still dem nachzuspüren, was Sie gerade erlebt haben. Sie können es aufschreiben oder malen, ganz wie es sich für Sie stimmig anfühlt.

In innere Welten eintauchen

Dies sind Anregungen, um Ihren verborgenen Wünschen oder Gefühlen, oder auch Ihren Unsicherheiten und Ängsten auf die Spur zu kommen. Sie können mit diesen Anregungen einen Einstieg finden in Themen, die nicht an der Oberfläche liegen, die Ihnen noch nicht bewusst sind. Sie können sich selbst und Ihren unbewussten Anteilen damit näherkommen. Sie brauchen dazu Tarotkarten, eventuell ein Deutungsbuch und Ihr Tagebuch.

Bilder anschauen und zu sich kommen

Wählen Sie ein Tarotkartenset, das Sie anspricht.

Schauen Sie sich die einzelnen Karten an und nehmen Sie die Karte heraus, die Sie gerade am meisten fasziniert.

15 BIS 30 MINUTEN

Schreiben Sie auf, was Sie anspricht. Die Farben, die Symbole, die Personen, die auf der Karte zu sehen sind.

Stellen Sie sich dann vor, Sie selbst gingen in die Rolle all der Personen, aber auch der Farben, der Landschaft, der Gegenstände, die Sie auf der Karte sehen können. Schreiben Sie wieder auf, wie Sie sich fühlen würden an dem Platz des Angeschauten (Übung S. 170: Perspektive wechseln).

Schreiben Sie in der Ichform: Ich bin das Wasser, ich bin aufgewühlt und mitreißend. Oder: Ich bin die Farbe Rot ...

Spüren Sie nach, ob das, was Sie aufgeschrieben haben, etwas mit Ihren momentanen Gefühlen oder Ihrer Lebenssituation zu tun hat.

Sich überraschen lassen

Nehmen Sie ein Tarotkartenset und legen Sie die Bilder verdeckt hin. Sie können die Karten in eine Reihe legen, in einen Halbkreis oder in einen Kreis. Nehmen Sie sich einen Moment der Stille, atmen Sie mit geschlossenen Augen tief durch und gehen Sie mit der Aufmerksamkeit nach innen, indem Sie spüren, wie sich Ihr Brustkorb hebt und wieder senkt.

Stellen Sie sich innerlich die Frage: Was ist gerade bei mir los? Was ist mein inneres Thema?

Ziehen Sie dann eine Karte heraus.

Lassen Sie sich überraschen von der Karte. Betrachten Sie die Karte sehr aufmerksam und schreiben Sie auf, was Sie besonders anspricht. Lassen Sie die Symbole und die Farben auf sich wirken und versuchen Sie, die Bedeutung der Karte intuitiv zu erfassen.

Versetzen Sie sich in die Karte und sprechen Sie aus, was die Dinge Ihrem Gefühl nach sagen.

Erst wenn Ihnen nichts mehr zu der Karte einfällt, nehmen Sie ein Tarotdeutungsbuch zur Hand und lesen Sie nach, was andere zu dieser Karte geschrieben haben.

Machen Sie sich bewusst, ob das, was Sie herausgefunden haben, etwas mit Ihrem jetzigen Leben zu tun hat.

Übungen zur tiefen Entspannung

Hier stellen wir Ihnen eine Übung vor, mit der Sie einsteigen können in einen tiefen, erholsamen Entspannungszustand.
Mit der zweiten Übung kehren Sie am Ende der Entspannungszeit leicht wieder zurück ins Hier und Jetzt.
Den Einstiegs-Text können Sie nutzen, um zur Ruhe zu kommen. Von dieser Ebene aus können Sie dann verschiedene Übungen machen.
Manche Menschen machen gerne Fantasiereisen, andere bevorzugen Autogenes Training oder Progressive Muskelentspannung. Probieren Sie aus, was Ihnen zusagt. Lesen Sie den Text mehrmals durch oder nehmen Sie ihn auf Band auf.

Einstiegsübung in die Entspannung

Setzen oder legen Sie sich bequem und locker hin und schließen Sie Ihre Augen genau dann, wenn Sie es möchten.
Alles um Sie herum ist jetzt völlig gleichgültig. Sie müssen nichts tun und nichts leisten.
Korrigieren Sie so lange Ihre Haltung oder Lage, bis Sie ganz entspannt und bequem liegen oder sitzen.
Und während Sie mehr und mehr bei sich ankommen, kann es sein, dass Sie noch Geräusche um sich herum wahrnehmen.
Das vorbeifahrende Auto, das Ticken der Uhr oder das Gluckern der Heizung.

Midi-Rückzug

Sagen Sie sich: Geräusche kommen und Geräusche gehen.

Und es kann durchaus so sein, dass immer wieder Gedanken in Ihrem Kopf auftauchen.

Sie können sich vorstellen, wie Ihre Gedanken wie Wolkenschiffchen am Himmel dahingleiten, so lange, bis sie am Horizont verschwinden.

Sagen Sie sich: Gedanken kommen und Gedanken gehen.

Gehen Sie nun mit Ihrer inneren Aufmerksamkeit zu Ihrem Körper und nehmen Sie wahr, wie Sie sich immer mehr entspannen.

Die Stirn, der Bereich um die Augen und der Kiefer werden locker und entspannt.

Ihr ganzes Gesicht ist entspannt und gelöst.

Der Nacken und der Schultergürtel werden ganz entspannt und locker.

Und auch die Arme und Beine werden locker und entspannt.

Der ganze Körper ist angenehm entspannt.

Sie können nun mit Ihrer Aufmerksamkeit zum Atem gehen und spüren, wie der Atem kommt und geht.

Sie können spüren, wie Sie mit jedem Ausatmen mehr und mehr loslassen.

Wie Sie sich mit jedem Ausatmen tiefer und tiefer entspannen.

Am Ende der Entspannungszeit, die Sie sich vorgenommen haben, machen Sie bitte folgende Übung, die Sie wieder zurück in das Alltagsbewusstsein führt.

Rückkehrübung ins Hier und Jetzt

Stellen Sie sich darauf ein, diese Übung in einigen Augenblicken zu beenden.

Spüren Sie, wie Sie sitzen oder liegen, wie der Atem kommt und geht. Nehmen Sie die Geräusche um sich herum wieder ganz bewusst wahr.

Atmen Sie dreimal tief ein und aus.

Beginnen Sie dann, sich langsam zu bewegen, zu räkeln, zu dehnen und zu strecken.

Und wenn Sie so weit sind, öffnen Sie die Augen. Sie sind mit Ihrer Aufmerksamkeit wieder ganz im Hier und Jetzt. Sie fühlen sich wach, frisch und tief erholt.

Fantasiereisen

Ort der Ruhe und der Kraft

Diese Reise können Sie immer dann machen, wenn Sie das Bedürfnis nach Ruhe haben und um neue Kraft für den Alltag zu schöpfen.

Nach der Einstiegsübung (S. 190) stellen Sie sich vor, Sie seien an einem Ort, an dem Sie sich wohl fühlen. Das kann ein Ort aus Ihrer Fantasie sein oder ein Ort, den Sie kennen.

15 BIS 30 MINUTEN

Nehmen Sie alle Bilder an, die von alleine in Ihnen auftauchen und schauen Sie sich um.

Lassen Sie die Einzelheiten immer deutlicher werden, die Farben, die Geräusche und die Gerüche, die Sie umgeben. Lassen Sie sich Zeit, den Ort immer deutlicher zu sehen und zu spüren.

Dies ist Ihr Ort der Ruhe und der Kraft, an dem alle Sorgen und Ängste von Ihnen abfallen und an dem Sie neue Lebensenergie und Zuversicht tanken können.

Nehmen Sie von der Ruhe, der Kraft und der positiven Energie dieses Ortes so viel wie möglich in sich auf.

Mit dem Einatmen fließt Energie und Kraft in Sie hinein und beim Ausatmen verteilt sie sich im ganzen Köper.

Sie können so viel Ruhe und Kraft in sich aufnehmen, wie Sie brauchen. Lassen Sie sich dafür Zeit und genießen Sie dieses gute Gefühl.

Verabschieden Sie sich in Ihrem Tempo von Ihrem Ort

der Ruhe und Kraft und führen Sie die Rückkehrübung
(S. 192) durch.

Heilendes Licht und heilende Farben

Dies ist eine erste Hilfeübung, wenn Ihre körperlichen Beschwerden noch keinen Krankheitsstatus angenommen ha-
en. Sie spüren damit Stellen in Ihrem Körper auf, die Ihre
ufmerksamkeit besonders brauchen.

15 BIS 30
MINUTEN

Nach der Einstiegsübung (S. 190) achten Sie darauf,
ob es Stellen in Ihrem Körper gibt, die sich melden.
Sei es, dass Sie eine Spannung im Magen oder einen
Schmerz im Rücken, einen Druck auf der Brust oder
ein Kratzen im Hals spüren. Gehen Sie mit Ihrer Aufmerksamkeit zu dieser Stelle und verweilen Sie dort.
Spüren Sie genau hin, wie es sich da anfühlt. Es kann
sein, dass die Beschwerden nun stärker zu spüren sind
und Sie merken, dass Sie sich um diesen Bereich mehr
kümmern sollten.
Lassen Sie ein Licht oder eine Farbe vor Ihrem inneren Auge auftauchen, das oder die diese Beschwerden
lindern kann.
Denken Sie jetzt nicht darüber nach, was Sie über Farben wissen, sondern lassen Sie intuitiv zu, dass eine
Farbe ganz von alleine auftaucht, die diese Beschwerden lindern oder heilen kann. Lassen Sie das Licht
oder die Farbe mit dem Ausatmen zu der Körperstelle
fließen, sie einhüllen, durchfluten, durchströmen und
heilen. Gönnen Sie sich mehrere tiefe Atemzüge und

Midi-Rückzug

dem Körperteil ganz viel Aufmerksamkeit und sanftes Hinpusten des farbigen Lichts. Vielleicht können Sie nach einer Weile spüren, wie die Farbe Ihren ganzen Körper einhüllt und ihn umstrahlt. Sie brauchen nichts tun, lassen einfach in Ruhe und Achtsamkeit geschehen, was ganz von alleine geschieht.

Wenn Sie spüren, dass Sie genug haben, dann stellen Sie sich auf das Beenden der Übung ein. Bedanken Sie sich für das farbige Licht und führen Sie die Rückkehrübung (Seite 192) durch.

Allein durch Ihre Aufmerksamkeit und das farbige Licht entspannt sich der jeweilige Körperbereich, wird besser durchblutet und warm.

Falls Ihre Beschwerden anhaltend sind, sollten Sie einen Arzt oder Heilpraktiker aufsuchen.

Die weise Beraterin/der weise Berater

Wenn Sie sich im Alltag überfordert fühlen, viele Entscheidungen treffen sollen oder nicht wissen, was gerade mit Ihnen los ist, wenn Sie sich also ratlos fühlen, dann machen Sie diese Fantasiereise zur weisen Kraft.

Nach der Einstiegsübung (S. 190) stellen Sie sich vor, Sie seien an einem wunderschönen einsamen Strand. Vor sich sehen Sie das Meer, die Wellen kommen und gehen und Sie spüren, wie Sie immer ruhiger und ruhiger werden. Jetzt entdecken Sie einen Delfin, der in Ihre Richtung schwimmt. Sie fühlen sich wie magisch von ihm angezogen, es ist als rufe er Sie.

Sie stehen auf und gehen ins angenehm warme Wasser. Der Delfin holt Sie ab und Sie gleiten leicht und mühelos mit ihm durch das Wasser.

Auf einmal wissen Sie, dass der Delfin Sie an einen besonderen Ort führen wird, nach dem Sie sich schon lange gesehnt haben. Sie spüren, dass Sie genauso wie der Delfin unter Wasser genügend Luft und Sauerstoff zur Verfügung haben und so lassen Sie sich ein auf das Gleiten in die Tiefe. Im Wasser unter Ihnen taucht eine Höhle auf und Sie schwimmen dort hin. Hier, das wissen Sie mit einem Male, wohnt ein Wesen voller Klugheit und Liebe, das Sie schon lange kennt. Betreten Sie die Höhle und lassen Sie sich Zeit zum Umsehen. Welche Farben umgeben Sie und was gibt es noch zu entdecken?

Nach einer Weile taucht ein liebevolles und weises Wesen auf und begrüßt Sie freundlich. Wer begegnet

Midi-Rückzug

Ihnen? Ist dieses Wesen jung oder alt? Mann oder Frau, wie sieht es aus?

Es fragt Sie, was Sie brauchen oder ob Sie eine Frage haben. Äußern Sie Ihre Fragen oder Wünsche.

Vielleicht bekommen Sie etwas gezeigt oder werden einfach in den Arm genommen. Sie wissen nun, dass hier jemand existiert, der Ihnen beisteht, Sie versteht und immer für Sie da ist.

Sie wissen, dass Sie immer hierher zurückkommen können, wann immer Sie das Bedürfnis nach Rat oder Beistand haben.

Bedanken Sie sich für diese Begegnung, lassen Sie ein Geschenk da und verabschieden Sie sich.

Der Delfin hat auf Sie gewartet und begleitet Sie wieder an Land.

Führen Sie nun die Rückkehrübung von S. 192 durch.

Schreiben Sie auf oder malen Sie, was Ihnen begegnet ist.

Innere Schatzkammer

Diese Fantasiereise können Sie immer dann machen, wenn Sie den Zugang zu Ihren inneren Schätzen, Ihrer inneren Weisheit oder Ihrem wahren Selbst suchen. Wenn Sie tief in sich ankommen möchten und nach Gewissheit und Selbstvertrauen suchen.

Nach der Einstiegsentspannung (S. 190) stellen Sie sich vor, Sie stünden vor einer Wendeltreppe, die nach unten führt.

Gehen Sie Schritt für Schritt die Treppe nach unten. Am Ende der Treppe befindet sich eine Tür, zu der nur Sie den Schlüssel besitzen.

Lassen Sie sich Zeit, die Tür genau wahrzunehmen, und dann öffnen Sie die Tür mit Ihrem Schlüssel. Sie betreten einen besonderen Raum.

Sie sind jetzt in Ihrem innersten geheimen Zentrum angekommen. Dies ist Ihre innere Schatzkammer, in der Sie alles finden, was zu Ihnen gehört und was Sie ausmacht.

Schauen Sie sich um, was befindet sich in diesem Raum? Wie fühlen Sie sich darin? Suchen Sie sich eine Stelle, an der Sie sich wohlfühlen und verweilen Sie dort.

Lassen Sie sich Zeit, diesen Raum kennenzulernen und die Schätze, die in ihm verborgen sind, zu entdecken.

Stellen Sie Ihre Fragen und nehmen Sie die Antworten, die vielleicht ohne Worte, durch ein Bild, ein Gefühl, ein Symbol erscheinen, einfach an.

Bedanken Sie sich für alles, was Ihnen begegnet und

begeben Sie sich auf den Rückweg. Schließen Sie die Tür sorgfältig und steigen Sie die Treppen wieder hinauf. Führen Sie die Rückkehrübung durch.

Schreiben Sie auf oder malen Sie, was Ihnen in der inneren Schatzkammer begegnet ist.

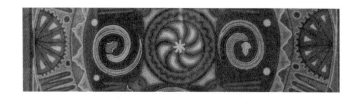

Der runde Ahnentisch

Diese Fantasiereise können Sie machen, wenn Sie sich mit der Kraft oder den Stärken Ihrer Ahnen beschäftigen wollen oder Rat und Unterstützung bei ihnen suchen.

15 BIS 30 MINUTEN

Nach der Einstiegsübung (S. 190) stellen Sie sich vor, Sie befänden sich in einem großen, gemütlichen Raum.
In der Mitte befindet sich ein runder Tisch, an dem viele Menschen Platz finden. Sie haben all Ihre Verwandten (die lebenden und die verstorbenen), die Ihnen in Liebe verbunden sind, zu einem Festmahl geladen.
Langsam kommen die Eltern, Geschwister, Onkel und Tanten, Großmütter und Großväter sowie die Urgroßeltern herein und nehmen an der runden Tafel Platz.
Links von Ihnen sitzt die Familie Ihrer Mutter, deren Eltern, Großeltern und Urgroßeltern. Rechts von Ihnen sitzt die Familie Ihres Vaters, seine Eltern, Großeltern und Urgroßeltern.
Sie sitzen auf Ihrem Platz und bitten Ihre Ahnen, jetzt zu Ihnen zu sprechen, Ihnen bei der Lösung eines Problems zu helfen oder Sie zu unterstützen bei einer Aufgabe, die vor Ihnen liegt.
Lassen Sie sich Zeit, Ihre Ahnen zu sehen, ihnen zuzuhören, ihre Stärken wahrzunehmen, die Sie vielleicht auch in sich selbst wiederentdecken können.
Kehren Sie mit der Rückkehrübung von S. 192 zurück ins Hier und Jetzt.
Schreiben Sie auf, was Ihnen begegnet ist.

Autogenes Training

Das Autogene Training ist eine Methode der Selbstentspannung, die der Berliner Psychiater Johannes H. Schultz, basierend auf seiner Hypnoseforschung, entwickelt hat. Mithilfe verschiedener, gedanklich gesprochener Formeln wird die Aufmerksamkeit weg von den Alltagsgedanken auf den Körper gerichtet.

So gelangen Sie im Laufe der Zeit zu einer tiefen und erholsamen Entspannung. Die innere Ruhe kann wiederhergestellt und Stress abgebaut werden.

Wie bei allen Entspannungsmethoden ist es sinnvoll, möglichst häufig, im Idealfall täglich zu üben.

Richten Sie bei dieser Übung Ihre innere Aufmerksamkeit auf ein bestimmtes Körperteil, wie z. B. die Arme und Hände, und lassen Sie sich Zeit dieses zu erspüren. Sagen Sie sich dann gedanklich die entsprechende Formel. Anschließend wandern Sie mit Ihrer Aufmerksamkeit weiter zum nächsten Körperteil.

Sie können diese Übung im Liegen, aber auch im Sitzen durchführen.

Nach der Einstiegsentspannung richten Sie Ihre Aufmerksamkeit auf sich und Ihren Körper und sagen Sie sich innerlich:

20 BIS 60 MINUTEN

Ich werde ruhig – ich werde ruhig.

Denn die Ruhe kommt von selbst.

Ich bin ruhig – ruhig und entspannt.

Die Arme und Hände werden angenehm schwer
– die Arme und Hände werden angenehm schwer.
Denn die Schwere kommt von selbst.
Die Arme und Hände sind angenehm schwer und entspannt – schwer und entspannt.

Und auch die Beine und Füße werden angenehm schwer
– die Beine und Füße werden angenehm schwer.
Denn die Schwere kommt von selbst.
Die Beine und Füße sind angenehm schwer und entspannt – schwer und entspannt.

Der ganze Körper ist angenehm schwer und entspannt
– schwer und entspannt.

Die Arme und Hände werden angenehm warm –
die Arme und Hände werden angenehm warm.
Denn die Wärme kommt von selbst.
Die Arme und Hände sind angenehm warm und entspannt – warm und entspannt.

(Diese Wärme können Sie sich vorstellen wie bei einem schönen warmen Bad, bei dem Ihr Körper in wohltuender Weise vom warmen Wasser umspült wird.)

Und auch die Beine und Füße werden angenehm warm
– die Beine und Füße werden angenehm warm.
Denn die Wärme kommt von selbst.
Die Beine und Füße sind angenehm warm und entspannt – warm und entspannt.

Midi-Rückzug

Der ganze Körper ist angenehm schwer, warm und entspannt – schwer, warm und entspannt.

Sie können die Ruhe, Schwere und Wärme in Ihrem Körper wahrnehmen und genießen.

Im Anschluss machen Sie die Rückkehrübung von S. 192.

Progressive Muskelentspannung

Die Progressive Muskelentspannung wurde von dem schwe-
dischen Arzt Prof. Edmund Jacobson in den USA entwickelt.
Bei seiner Arbeit erkannte er den engen Zusammenhang von
psychischer Anspannung und Muskelverspannung. Er schloss
daraus, dass man durch gezieltes und bewusstes An- und
Entspannen der verschiedenen Muskelgruppen fast alle Mus-
kelverspannungen abbauen und gleichzeitig den psychischen
Zustand verbessern kann.
Bei dieser Entspannungsmethode richtet man seine Aufmerksamkeit nacheinander auf die unterschiedlichen Muskeln bzw.
Muskelgruppen, spannt diese an und entspannt sie anschließend wieder. So kann man ganz bewusst die verschiedenen
Stufen der Anspannung und Entspannung wahrnehmen und
kennenlernen.

Gehen Sie also bewusst für ca. fünf Sekunden in die Anspannung und spüren Sie diese. Achten Sie aber auf jeden Fall
darauf, die Anspannung nicht so groß werden zu lassen, dass
Sie Schmerzen verspüren.
Atmen Sie normal weiter. Nach der Anspannung folgt die
Entspannungsphase, für die Sie sich 20 bis 30 Sekunden
nehmen sollten, um so die zunehmende Entspannung auch
wirklich gut zu spüren.
Sie können diese Übung im Liegen, aber auch im Sitzen
durchführen.
Zur Intensivierung können Sie die einzelnen Übungsteile
zweimal hintereinander durchführen.

Nach der Einstiegsübung (S. 190) richten Sie Ihre Aufmerksamkeit auf sich und Ihren Körper.

- Schneiden Sie mit Ihrem ganzen Gesicht eine Grimasse. Beißen Sie die Zähne leicht aufeinander, runzeln Sie die Nase, kneifen Sie die Augen zu und ziehen Sie Ihre Stirn kraus.

  Und loslassen; spüren Sie nach, wie die Muskeln im ganzen Gesicht mehr und mehr entspannen.

- Ziehen Sie Ihre Schultern in Richtung der Ohren nach oben.

  Und loslassen; spüren Sie nach, wie mit dem Loslassen die Anspannung immer mehr abnimmt und die Entspannung immer mehr zunimmt.

- Ballen Sie die rechte Hand zu einer Faust und drücken Sie den Unterarm gegen den Oberarm.

  Und loslassen; legen Sie den Arm wieder entspannt ab und wandern Sie mit Ihrer Aufmerksamkeit durch den Arm, die Hand und jeden einzelnen Finger.

- Ballen Sie die linke Hand zu einer Faust und drücken Sie den Unterarm gegen den Oberarm.

  Und loslassen; lassen Sie Muskulatur wieder locker werden und spüren Sie dem Unterschied zwischen An- und Entspannung nach.

- Holen Sie tief Luft, ziehen Sie die Schultern nach hinten zusammen und den Bauch ein.

  Und loslassen; atmen Sie aus und genießen Sie das zunehmende Gefühl der Entspannung im Bereich der Brust, des Bauchs und des Rückens.

- Heben Sie Ihr rechtes Bein leicht an und ziehen Sie die Fußspitze zu sich heran.

Und loslassen; wandern Sie mit Ihrer Wahrnehmung durch Ihr ganzes Bein, den Fuß bis in die Fußzehen hinein.

- Heben Sie Ihr linkes Bein leicht an und ziehen Sie die Fußspitze zu sich heran.
Und loslassen; lassen Sie die Muskulatur ganz locker und entspannt werden.
- Lassen Sie sich nun Zeit, die angenehme Entspannung in Ihrem ganzen Körper wahrzunehmen.

Sie können noch einmal eine Reise durch den Körper machen und dabei versuchen, die Muskeln noch ein wenig mehr loszulassen und die Entspannung genießen.

Machen Sie jetzt die Rückkehrübung (S. 192).

4. Kapitel

Maxi-Rückzug:
Zwei Stunden und mehr
– sich selbst begegnen

Maxi-Rituale und Übungen zum Ankommen
in der Stille und bei sich selbst.

Eine weitere Möglichkeit, Zeit für sich selbst zu gestalten,
sind die Maxi-Rückzugsrituale.
Hierfür sollten Sie sich mindestens zwei Stunden oder einen halben
bis einen Tag **Zeit nehmen.**

MEHRERE
STUNDEN

Unter diesem Symbol finden Sie Anregungen, für die Sie sich mehrere Stunden ungestörte Zeit nehmen sollten.

Diese Übungen bestehen häufig aus mehreren Teilen und führen Sie intensiv in Ihr eigenes inneres Erleben. Es sind Übungen, mit denen Sie sich auf neue und ungewöhnliche Weise erfahren können. Sie helfen dabei, sich zu erden und zu zentrieren, verborgene Anteile, verschüttete Gefühle und inneres Wissen wiederzufinden.

Machen Sie diese Übungen, wenn Sie sich festgefahren haben im Alltag, nicht mehr so recht wissen, wer Sie gerade sind, was Ihre inneren Wünsche und Ziele sind. Oder wenn Sie sich in Umbruch- und Veränderungsphasen befinden, unsicher oder ängstlich sind, wohin die Reise gehen wird.

Die Zeit und den Ort planen

Legen Sie die Zeit, an welchem Tag und um welche Uhrzeit Sie beginnen und wann Sie enden wollen, für sich fest. Klären Sie auch, wo Sie Ihre Rückzugszeit verbringen wollen. Entscheiden Sie sich dafür, diese Zeit nur sich selbst zu widmen und nur das zu tun, was Ihnen guttut und worauf Sie Lust haben.

Vielleicht möchten Sie einfach nur ausspannen.
In die Natur gehen, an einen ruhigen Ort fahren, allein wandern, mit dem Rad fahren oder schwimmen gehen. Oder Sie begeben sich an einen Ort, an dem Sie noch nie alleine wa-

ren. Sie können fotografieren oder malen, oder still die Energie und Ausstrahlung dieses Ortes auf sich wirken lassen. Sie können sich treiben lassen, von Minute zu Minute, achtsam sich selbst, den eigenen Rhythmus oder die Welt um sich herum wahrnehmen.

Sie können also entweder alleine hinausgehen und die Umwelt mit allen Sinnen erfahren. Oder Sie ziehen sich in die Geborgenheit eines Hauses zurück, um sich mit sich selbst zu beschäftigen.

Sich für ein Thema entscheiden

Worum geht es Ihnen, was ist Ihnen wichtig?
Sie können z. B. den Fragen nachgehen:
- Welche inneren Bilder oder Gefühle tauchen auf, wenn ich zur Ruhe komme?
- Was geschieht, wenn ich alleine und bei mir bin?
- Wer bin ich zurzeit?
- Was ist der rote Faden in meinem Leben?
- Wohin geht meine Reise?
- Was gibt mir Kraft und Orientierung?

Oder Fragen, die Ihnen am Herzen liegen. Denn viele der Übungen, die wir Ihnen hier zeigen, können Sie auf Ihre individuelle Fragestellung anwenden. Sie helfen Ihnen dabei, vom Alltagsbewusstsein weg auf eine intuitive Ebene zu kommen. Auf dieser Ebene tauchen oft ungewöhnliche und kreative Antworten und neue Einsichten auf.

Vorbereitung der Rückzugszeit

Sie können Ihre Rückzugszeit folgendermaßen vorbereiten und gestalten:

1. Nehmen Sie sich sowohl die Zeit als auch ein Thema vor. Oder entscheiden Sie sich dafür, offen zu sein für das, was spontan auftaucht.

2. Bereiten Sie vor, was Sie brauchen.

Bei den einzelnen Anregungen steht, was Sie dazu benötigen, zum Beispiel:

– Tagebuch und Stifte;

– Malutensilien – Buntstifte, Kreide, Wasserfarben, Filzstifte und Zeichenblock;

– für Collagen – Fotos, Zeitschriften, Sand, Muscheln, getrocknete Pflanzen;

– Musik zum Entspannen, Meditieren, Anregen oder Tanzen

– Kassettenrecorder oder CD–Player;

–Musikinstrumente, Trommel, Flöte, Schellen, Klangschalen oder Rassel;

– eine Decke, Meditations-Kissen, -Matte oder -Bank;

– besondere Kleidung, bequem und weich;

– ein schönes Tuch, auf dem Sie Ihre Utensilien ausbreiten können; eine Tasche in der Sie alle wichtigen Utensilien verstauen und mitnehmen können (falls Sie in der Natur arbeiten möchten);

– einen Fotoapparat oder eine Videokamera, wenn Sie besondere Momente für sich einfangen möchten;

– eine Uhr, ein Kurzzeitmesser oder eine Meditationsuhr, die Sie erinnert, wenn die Zeit um ist.

Maxi-Rückzug

Was immer hilfreich und unterstützend ist, sind

die vier Elemente:

Feuer — draußen oder eine Kerze im Raum;

Wasser — an einem Bach, See, Fluss, Meer oder eine Wasserschale, ein Zimmersprudelbrunnen, oder die Badewanne drinnen;

Luft — Wind, Sturm, sanfte Briese draußen, Räucherwerk und Kräuter oder Räucherstäbchen drinnen;

Erde — Sand, Steine, Felsen, Berge draußen und kleine Steine, Kiesel oder Edelsteine im Raum.

3. Sorgen Sie dafür, dass Sie nicht gestört werden.

Was Sie ausschalten sollten ist deshalb das Telefon oder Handy, die Klingel, den Fernsehapparat oder das Radio. Nehmen Sie keine Arbeit mit in Ihre Rückzugzeit und vermeiden Sie, über andere oder Ihre gewohnten Sorgen nachzudenken.

In dieser Zeit erlauben Sie sich auch nicht, darüber nachzudenken, was jetzt noch zu tun oder zu erledigen ist, wer noch angerufen werden muss oder was jetzt die anderen von Ihnen denken könnten. Bleiben Sie bei sich und Ihrer Absicht und lassen Sie sich nicht ablenken von anderen Menschen, die sich eventuell in Ihrem Umfeld aufhalten.

4. Suchen Sie sich einen Platz, den Sie in Ihren besonderen und heilsamen Ort verwandeln möchten.

In Ihrer Wohnung: Räumen Sie, soweit es geht, alles zur Seite, was Sie an unerledigte Arbeiten erinnert. Schmücken Sie den Raum, in dem Sie sich aufhalten möchten, mit schönen Dingen, mit Blumen, einer Kerze, Steinen, einer Feder, einer Figur, Muscheln, einem Bild. Nehmen Sie das, was Ihnen gerade gefällt.

Gestalten Sie den Raum schlicht, mit wenigen, einfachen und schönen und für Sie bedeutsamen Dingen.

Sie können für Ihre Rückzugszeit in diesem Raum bleiben, können zwischendurch auch hinaus in die Natur gehen, oder Sie gestalten Ihre Rückzugszeit gleich draußen in der Natur. Fall Sie eine Bewegungsmeditation machen wollen, sollten Sie auch für genügend Platz zum Bewegen sorgen.

In freier Natur ist es vor allem wichtig, dass Sie sich an dem Platz, den Sie ausgewählt haben, sicher fühlen. Vielleicht ist es ein Platz in Ihrem Garten, auf der Terrasse, auf einem Berg, an einem Seeufer, am Strand, auf einer Waldlichtung oder in einer Parkanlage. Nehmen Sie sich Zeit zu spüren, wo genau Sie sich für eine Weile niederlassen möchten, in welche Richtung Sie blicken und was in Ihrem Rücken sein soll. Reinigen Sie den Platz, falls Dinge herumliegen, die Sie stören und legen Sie fest, wie viel Platz Sie für Ihr Ritual beanspruchen wollen. Sie können die Grenzen Ihres Ritualplatzes mit einem Stock in den Sand malen, mit Steinen, ausgestreutem Sand oder mit kleinen Stöckchen markieren. Wenn Sie sich beobachtet fühlen, können Sie auch in Ihrer Fantasie einen Schutzkreis um sich herum aufbauen.

Die Rückzugszeit als Ritual gestalten

Ein Rückzugsritual besteht aus drei Teilen:

1. Einstiegszeremonie
2. Erfahrungs-Mittelteil
3. Verändert in den Alltag zurückkehren

1. Lockern Sie sich, atmen Sie tief durch und kommen Sie im Hier und Jetzt an.
Damit haben Sie Ihr Tempo verlangsamt und sind nun bereit, sich auf eine andere, intuitive Erfahrungsebene einzulassen, die Sie wegführt vom Alltagsbewusstsein.
Zünden Sie eine Kerze an. Gehen Sie mit brennendem Räucherwerk, einer Rassel oder Trommel einmal im Uhrzeigersinn durch den Raum oder über den Platz, den Sie sich gewählt haben. Mit dieser Runde reinigen Sie symbolisch den Raum und laden ihn mit neuer Energie auf.

2. Wenn Sie sich so innerlich eingestimmt haben, wenden Sie sich Ihrem Vorhaben zu. Machen Sie jetzt die Übungen, die Sie sich vorgenommen haben.
Lassen Sie sich ein auf das, was geschieht, ohne zu viel zu wollen oder zu steuern. Finden Sie ein gutes Maß an Loslassen und Sich-daran-erinnern, um was es Ihnen geht.
Wenn Sie spüren, dass Ihre Aufmerksamkeit abschweift, gehen Sie zurück zu Ihrem Vorhaben.
Falls Sie mittendrin unsicher oder verzagt werden, das Gefühl haben, dass Sie es nicht richtig machen oder mutlos wer-

den, dann schreiben Sie all Ihre Zweifel auf oder sprechen Sie sie laut aus. Dadurch wird Ihnen bewusst, mit welchen Gedanken und Fantasien Sie sich selbst verunsichern oder blockieren, und Sie können leichter wieder zu Ihrem Vorhaben zurückkehren. Auch diese Erfahrung gehört dazu und ist wichtig.

3. Wenn die Zeit um ist, die Sie sich vorgenommen haben, dann beenden Sie den Erfahrungsteil in folgender Weise.
Machen Sie sich bewusst, was Ihnen begegnet, was Ihnen eingefallen oder zugefallen ist. Schreiben Sie es auf. Auch Kleinigkeiten und vor allem Ihre Gefühle, inneren Bilder und Einfälle sind wichtig.
Stellen Sie das Bild, das Sie gemalt haben oder die Collage, die entstanden ist, so auf, dass Sie mit etwas Abstand darauf schauen können.

Machen Sie sich bewusst, dass was immer Sie erlebt haben oder was Ihnen begegnet ist, eine Bedeutung hat und wichtig für Sie ist.

Auch wenn Sie manchmal zu diesem Zeitpunkt noch nicht ganz verstehen und ermessen können, was es ist.

Achten Sie sich selbst und das, was Sie erlebt haben.

Lassen Sie sich genügend Zeit für diesen Teil des Rituals.
Danken Sie dann für diese Erfahrung und kehren Sie, durch die Erfahrung verwandelt, zurück in Ihren Alltag.

Maxi-Rückzug

Durch Bewegung zur Mitte finden

Hier stellen wir Ihnen intensive, mindestens einstündige Bewegungsmeditationen vor, die Ihnen dabei helfen können, zu sich selbst zu finden, sich zu erden und zu zentrieren. Sie verhelfen durch die Musik und die Bewegungen dazu, sich geistig, körperlich und seelisch zu entspannen, sich tief einzulassen auf heilsame und transformierende innere Ebenen. Altes kann losgelassen und neue Impulse und Bilder können zugelassen werden. Durch die Bewegung zur Musik kommen Sie allmählich in der Stille und bei sich an. Mit dem Enden der begleitenden Musik sind Sie wieder zurück im Hier und Jetzt.

Für alle Bewegungsmeditationen gilt: **Den Raum** vorher gut lüften, damit Sie genügend Sauerstoff haben. Dann die Fenster schließen, damit Sie Ihren Gefühlen freien Lauf lassen können. So viel freien Platz schaffen, dass Sie sich mit geschlossenen Augen bewegen können, ohne irgendwo anzustoßen oder empfindliche Gegenstände umzuwerfen.

Ein Mandala malen

Da die tiefen und heilsamen Erlebnisse bei den Meditationen oft sehr flüchtig sind, wie ein Traum, ist es sehr hilfreich, sie entweder aufzuschreiben oder zu malen, damit Sie Ihnen nicht so leicht verloren gehen.

Deshalb empfehlen wir Ihnen, am Ende jeder Bewegungsmeditation Ihre Erlebnisse, inneren Bilder oder Gefühle zu malen. Es muss kein Kunstwerk entstehen, sondern es soll nur Ihre Erfahrung festhalten, damit Sie sich besser an das Geschehene erinnern können.

Sie malen hierfür einen großen Kreis auf einen Zeichenblock und teilen ihn in vier oder mehr Felder ein, für jede Meditationsphase ein Feld. In die Mitte malen Sie einen kleinen Kreis, der Sie selbst symbolisiert. In die Felder malen Sie dann mit den Farben oder Formen, die Ihnen passend erscheinen, was Sie erlebt haben.

Lassen Sie sich dann eine Weile Zeit, Ihr Mandala auf sich wirken zu lassen und schreiben Sie auch Worte oder Begriffe auf, die Ihnen dazu einfallen.

Meditation der Himmelsrichtungen
Sich erden und zentrieren

Diese Bewegungsmeditation hilft dabei, körperliche und see-
lisch-geistige Spannungen und Unruhe loszulassen, sich zu
öffnen und bei sich anzukommen.

Sie brauchen die CD von Jabrane Mohamed Sebnat „Meditation der Himmelsrichtungen", auf der auch eine Meditations-
Anleitung zu finden ist.

Ihr Tagebuch und Stifte oder Zeichenblock und Farben.

Für die Meditation brauchen Sie die ersten fünf Musikstücke
auf der CD und ungefähr anderthalb bis zwei Stunden Zeit.

Wir haben diese Meditation geringfügig abgewandelt.

Die Bewegungsfolge geht jeweils eine Weile immer in eine
Richtung, also zunächst nur nach Norden, dann nach Osten,
Westen und dann nach Süden.

Beim 4. Musikstück werden die vier Richtungen verbunden,
dass heißt, nacheinander geht die Bewegung nach Norden,
Osten, Westen, Süden.

Der 5. Teil der Meditation basiert auf dem Drehtanz der Der-
wische. Sie können ihn weglassen, falls Ihnen leicht schwindelig wird. Auch wenn Ihnen der auf der CD vorgegebene
Atemrhythmus nicht zusagt, können Sie ihn abwandeln und
in Ihrem eigenen Tempo atmen.

Die Bewegungsteile der Meditation werden mit offenen Augen durchgeführt, nur in den Pausen dazwischen können Sie
die Augen schließen, um nachzuspüren.

1. Stehen Sie aufrecht, mit dem Gesicht nach Norden, Ihre Hände liegen auf Ihrem Zentrum, auf dem Bauch.

Wenn die Musik einsetzt, atmen Sie durch die Nase ein, bewegen Ihr rechte Hand nach oben bis zum Herzen. Dann durch den Mund ausatmen und den rechten Arm und das rechte Bein nach vorne in Richtung Norden bewegen.

Die rechte Hand wieder zurück auf den Bauch legen, das Bein in die Mitte zurückbringen.

Mit dem linken Arm und dem linken Bein den gleichen Bewegungsablauf durchführen. Wiederholen Sie diesen Bewegungsablauf und kommen Sie immer wieder zurück in die Mitte.

Wenn die Musik endet, schließen Sie die Augen und spüren Sie nach.

2. Stehen Sie aufrecht, mit dem Gesicht weiterhin nach Norden. Wenn die Musik wieder einsetzt, öffnen Sie die Augen, atmen ein und bewegen Ihre rechte Hand nach oben zu Ihrem Herzen und dann nach rechts, in Richtung Osten, auch Ihr rechtes Bein geht in diese Richtung. Wieder zurück in die Mitte kommen. Mit dem nächsten Atmen die linke Hand zum Herzen und dann zusammen mit dem linken Bein nach links, in Richtung Westen bewegen. Wenn die Musik endet, stehen Sie aufrecht in der Mitte, schließen Sie die Augen und spüren Sie nach.

3. Wenn das 3. Musikstück einsetzt, öffnen Sie wieder die Augen. Sie stehen weiterhin mit dem Gesicht in

Richtung Norden und bewegen nun Ihre rechte Hand zu Ihrem Herzen und dann den Arm zusammen mit dem rechten Bein nach hinten in Richtung Süden und drehen Sie den Körper mit. Wieder in die Mitte zurückkommen und mit dem linken Arm und dem linken Bein die gleiche Bewegung nach Süden machen. Wenn die Musik endet, stehen Sie wieder in der Mitte, schließen Sie die Augen und spüren Sie nach.

4. Wenn das 4. Musikstück beginnt, öffnen Sie die Augen und bewegen Sie sich mit dem rechten Arm und Bein nach Norden, mit dem linken Arm und Bein nach Norden, dann mit dem rechten Arm und Bein nach Osten, mit dem linken Bein und Arm nach Westen, mit dem rechten Arm und Bein nach Süden, mit dem linken Arm und Bein nach Süden.
Wiederholen Sie diesen Bewegungsablauf bis zum Ende der Musik. Stehen Sie dann wieder einige Minuten still und spüren Sie nach, was in Ihnen vorgeht.

5. Wenn die nächste Musik einsetzt, öffnen Sie die Augen, heben Sie eine Hand so vor sich, dass Sie bequem die Handlinien sehen können, die andere Hand ruht auf Ihrem Zentrum. Dann beginnen Sie, sich mit der Musik um Ihre eigene Achse zu drehen.

Lassen Sie sich nach der Meditation genügend Zeit, um wieder gut im Hier und Jetzt anzukommen, denn sie führt Sie auf tiefe Ebenen des Seins. Schreiben Sie auf oder malen Sie, was Ihnen begegnet ist.

Kundalini-Meditation – In die Mitte finden

Nehmen Sie sich ein bis zwei Stunden Zeit für diese Übung.
Sie brauchen die CD „Meditations of Osho: Kundalini", Musik
von Deuter.

Einen Zeichenblock und Wachsmalkreiden zum Malen oder
Ihr Tagebuch, um aufzuschreiben, was Sie bei dieser Übung
erlebt und empfunden haben.

Legen Sie eine Decke bereit, mit der Sie sich in den letzten
beiden Phasen zudecken können. Noch intensiver wird Ihr
Erleben, wenn Sie Ihre Augen mit einem Tuch verbinden,
falls es Ihnen schwerfällt, die Augen geschlossen zu halten.

Bewegen Sie sich mit geschlossenen Augen zu den vier Mu-
sikstücken auf der CD. Hier die Anleitung von der CD:

MEHRERE
STUNDEN

1. Phase: 15 Minuten Musik. Stehen Sie fest auf dem
Boden, und lassen Sie Ihren Körper sich locker schütteln. Spüren Sie, wie sich das Schütteln von den Füßen über das Becken, den Rumpf, die Arme bis zum
Kopf ausbreitet.

2. Phase: 15 Minuten Musik. Bewegen Sie sich. Lassen
Sie alle Energie, die durch das Schütteln aufgewirbelt
und freigesetzt wurde, in Bewegung und Tanz fließen.
Erlauben Sie sich, total und intensiv zu sein.

3. Phase: 15 Minuten Musik. Sitzen oder stehen Sie
still. Öffnen Sie sich für die Musik und gehen Sie ganz
im Zuhören auf.

4. Phase: 15 Minuten Musik. Legen Sie sich auf den
Rücken, bleiben Sie ruhig und beobachten Sie, was in
Ihrem Inneren geschieht.

Der Gong am Ende zeigt an, dass die Meditation zu Ende ist.

Lassen Sie sich danach noch einige Minuten Zeit, die Erfahrung nachwirken zu lassen. Schreiben Sie auf, was Sie gefühlt und empfunden haben, welche Bilder in Ihnen möglicherweise aufgetaucht sind und wie Sie sich nach dieser Bewegungsmeditation fühlen. Oder malen Sie in Mandalaform, wie Sie sich in den vier Phasen gefühlt haben.

Kali-Meditation – Verschüttete Gefühle wiederfinden

Machen Sie die folgende Bewegungsmeditation, wenn Sie spüren, dass Sie abgeschnitten sind von Ihren tiefen Gefühlen und wenn Sie das Bedürfnis haben, sich wieder lebendiger zu fühlen.

Diese Meditation ist hilfreich, wenn Sie gelernt haben, immer gut zu funktionieren, sich gesittet und anständig zu benehmen, und wenn Sie Ihre Gefühle gut unter Kontrolle haben.

Kali ist die große Göttin der Zerstörung und der Erneuerung, sie zu achten und ihre Kraft in unser Leben zu integrieren, empfiehlt sich immer dann, wenn wir das Gefühl haben, auf einem Pulverfass zu sitzen und am Platzen sind, uns aber nicht trauen, diese Gefühle auszudrücken. Oder wenn wir keine Energie mehr spüren und uns depressiv fühlen oder wenn wir das Gefühl haben, von anderen erdrückt, eingeschränkt und frustriert zu werden.

Nehmen Sie sich mind. zwei Stunden Zeit für diese Übung.

Sie brauchen die CD „Kali-Meditation", evtl. Zeitungen zum Zerreißen, Taschentücher zum Weinen, ein zusammengerolltes Handtuch zum Schlagen, ein dickes Kissen oder Polster zum Draufschlagen oder Treten, eine Decke zum Zudecken in der Ruhephase.

Farben und einen Zeichenblock zum Malen oder Stifte und Tagebuch zum Aufschreiben.

1. Teil – tiefes Atmen – im 4/4 Takt, beim ersten Trommelschlag einatmen, bei den nächsten drei Trommelschlägen tief ausatmen. Den ganzen Körper in diesen Rhythmus einbeziehen und in Bewegung kommen. Die Bewegung zur Musik fördert das Lösen festsitzender Spannungen, das verstärkte Atmen fördert den Energiefluss und das Befreien der Emotionen. Dadurch wird der Emotionalkörper geöffnet und die zerstörerische Kraft oder die versteckten Emotionen können hervorkommen. (Wenn Ihnen danach ist, atmen Sie zwischendurch immer wieder normal ein und aus, damit Ihnen nicht schwindelig wird durch den vielen Sauerstoff, den Sie durch das verstärkte Atmen aufnehmen.)

2. Teil – Die treibende und chaotische Musik unterstützt den Ausdruck der emotional aufgewühlten kraftvollen Energie. Alle Gefühle, ob Wut oder Weinen, Schreien oder Schlagen, „Verrücktsein", dürfen jetzt hervorkommen und ausgedrückt werden. Erlauben Sie sich, Töne zu machen, zu schreien, stöhnen, seufzen, jammern, klagen, wutzuschnauben, zu grummeln, grollen, brummen, unverständliches Kauderwelsch von sich zu geben; Zeitungen zu zerreißen, zu schluchzen, das zusammengerollte Handtuch auf den Boden zu knallen, zu knurren, fauchen, die Fäuste zu ballen, mit Wucht auf das Kissen zu schlagen oder zu treten.

3. Teil – einfach stehen bleiben. Die Bewegungen verebben, werden sanfter, kommen allmählich zur Ruhe. Nach innen schauen, bewusst und aufmerksam. Nichts mehr tun.

4. Teil – entweder sitzen oder hinlegen, zudecken. Alles loslassen, was bisher war. Ausruhen und Stille finden, einfach nur da sein.

Ein Gong verkündet das Ende der Meditation.

Danach in Mandalaform malen oder aufschreiben, was Ihnen während der vier Phasen begegnet ist.

Vielleicht haben Sie ganz viel weinen müssen, oder Sie haben Freude daran gefunden, Ihre Wut herauszuschlagen, oder Sie haben gespürt, wie gut Ihnen der Zugang zu Ihrer Kraft und lebendigen Energie gefallen hat. Was immer Ihnen begegnet ist, achten Sie es.

Woher komme ich? Der Lebensweg

Sie brauchen eine bis drei Stunden Zeit für diese Übung, Machen Sie diese Übung, wenn Sie sich selbst, Ihre Stärken und Schwächen, besser verstehen wollen. Wenn Sie sich festgefahren fühlen und nach neuen Impulsen suchen, oder wenn Sie sich in Veränderungsphasen befinden.

Zur Vorbereitung ist es hilfreich, sich über Ihren bisherigen Lebensweg Gedanken zu machen. Weiterhin brauchen Sie einen Zeichenblock und Farben. Eventuell Fotos aus den unterschiedlichen Lebensphasen.

Machen Sie sich Notizen: Wann wurden Sie geboren, in welcher Zeit? In welche Familie, hatten Sie Geschwister? Wo sind Sie aufgewachsen, Stadt oder Dorf?

Wer waren Ihre Spielgefährten, was waren Ihre Lieblingsbeschäftigungen und Wünsche als Kind ... („Wenn ich einmal groß bin, ...")?

Wie und wo verbrachten Sie Ihre Schulzeit, erste Berufstätigkeit, junges Erwachsensein?

Wer waren wichtige FreundInnen, PartnerInnen, Menschen, die Sie beeinflusst und geprägt haben?

Wenn Sie sich so eingestimmt haben, machen Sie die folgende Fantasiereise und schreiben oder malen Sie danach Ihre Bilder, Einsichten oder Erkenntnisse auf.

Fantasiereise – Lebensweg

MEHRERE STUNDEN

Nach der Einstiegsübung von Seite 190 stellen Sie sich vor, Sie könnten hoch in die Luft fliegen. Vielleicht fliegen Sie in einem Heißluftballon, auf dem Rücken eines Vogels oder aus eigener Kraft.

Fliegen Sie so hoch, dass Sie einen guten Überblick über den Ort und die Landschaft haben, in der Sie jetzt leben.

Fliegen Sie dann zu dem Ort, an dem Sie geboren worden wurden und schauen Sie von oben auf die Stadt, das Land, die Zeit, in der Sie zur Welt kamen. Lassen Sie sich Zeit, die Eindrücke wahrzunehmen.

Dann schauen Sie sich, aus dieser Perspektive, Ihren weiteren Lebensweg an. In welchem Haus lebten Sie und wer gehörte zur Familie?

Wo spielten Sie, gingen zur Schule, hatten Freunde und Freundinnen?

Was taten Sie nach der Schule? Sind Sie umgezogen und wohin? Was haben Sie gelernt und wo gearbeitet? Welche Menschen waren wichtig für Sie?

Wo und mit wem leben Sie heute? Wohin hat Sie Ihr Lebensweg bisher geführt?

Nähern Sie sich langsam wieder dem Hier und Jetzt und lassen Sie all die Eindrücke auf sich wirken.

Wenn Sie in der Gegenwart angekommen sind, stellen Sie sich darauf ein, wieder auf den Boden zurückzukehren.

Machen Sie die Rückkehrübung (Seite 192).

Schreiben Sie auf, was Ihnen begegnet ist, oder malen Sie ein Bild von Ihrem bisherigen Lebensweg.

Wahrscheinlich werden Ihnen durch die Fantasiereise Gefühle und Einsichten zu Bewusstsein kommen, die Sie in Ihrem Alltagsbewusstsein nicht wahrgenommen hatten.

Wer bin ich? Viele Teile ergeben ein Ganzes

Sie brauchen für diese Übung zwei bis drei oder mehr Stunden ungestörte Zeit für sich. Je nachdem, wie intensiv Sie sich mit sich beschäftigen wollen.

Die Übung hilft Ihnen dabei, sich selbst neu zu entdecken, unterschiedliche Teile Ihrer Persönlichkeit und innere Kräfte wiederzufinden und sich selbst anzunehmen.

Sie eignet sich besonders, wenn Sie einen neuen Lebensabschnitt beginnen, wenn Sie sich festgefahren oder die Orientierung verloren haben.

Weiterhin brauchen Sie Ihr Tagebuch, Papier und Stifte, Farben und Zeichenblock sowie Räucherwerk.

Hilfreich sind auch Fotos und ein Überblick über Ihre bisherigen Lieblingsbücher und Interessen, Platten oder CDs.

Gehen Sie auf Spurensuche und notieren Sie, welche Beziehungen, Interessengebiete und Tätigkeitsbereiche Ihnen bisher wichtig waren.

> Schreiben Sie chronologisch die Themen auf, die Ihnen bisher im Leben wichtig waren. Sie können dazu 7-Jahres-Schritte für sich anschauen oder was sich in 10-Jahres-Schritten in Ihrem Leben ereignet hat.
>
> Schreiben Sie auch auf, welche Menschen, Beziehungen, Arbeiten, Aktionen und Engagements Ihnen bisher am Herzen lagen, auch wenn dies viele Jahre zurückliegen sollte.

MEHRERE STUNDEN

(Zum Beispiel, ob Sie sich zu bestimmten Zeiten in Ihrem Leben besonders intensiv mit Mode, Sport, Wohnen, Bauen, Umweltschutz, Beruf, Bildung, Erziehung, Finanzen, Reisen, Kosmetik, Religion, Spiritualität, Freundschaften, Liebesbeziehungen, Gesundheit, Haushaltsführung, Kreativität beschäftigt haben; oder ob Sie in der Öko-, Studenten- oder einer Bürgerbewegung aktiv gewesen sind.)

Vielleicht können Sie einen roten Faden finden, oder Sie sind überrascht von den unterschiedlichen Themenbereichen, die Ihnen bisher wichtig waren.

Wenn Sie sich so vorbereitet und eingestimmt haben, machen Sie die folgende Fantasiereise:

Phantasiereise zum Haus des Lebens

In diesem Haus wohnen all Ihre bewussten und die vergessenen Persönlichkeitsanteile.

Der Einfachheit halber haben wir die weibliche Form verwendet. Wenn Sie ein Mann sind, wandeln Sie die Reise bitte in die männliche Form um.

Nach der Einstiegsentspannungsübung (Seite 190) stellen Sie sich vor, Sie gehen einen Weg, der Sie zu einem ganz besonderen Haus führt.

Nach einer Weile können Sie das Haus vor sich sehen. Wie sieht es aus und in welcher Umgebung steht es? Vielleicht hat es einen Zaun und einen Garten? Lassen Sie sich Zeit, das Haus zu sehen. Wenn Sie näherkommen, können Sie das Namenschild entdecken. Auf dem Schild steht Ihr Name. Dies ist Ihr Haus.

Betreten Sie nun Ihr Haus und schauen Sie sich um. Was können Sie entdecken? Wie viele Räume gibt es und wie sind die einzelnen Zimmer eingerichtet? Welche Stimmungen und Energien können Sie spüren? Nach einer Weile kommen Sie in einen großen Raum und nehmen an einer Stelle Platz, die Ihnen gefällt. Nacheinander kommen verschiedene Mädchen und Frauen herein und setzen sich zu Ihnen.

Sie entdecken, dass all diese Mädchen und Frauen Sie selbst sind.

Da ist das kleine Mädchen, das Sie einmal waren, die Jugendliche, die junge Frau, die Ältere, die Alte, die Sie einmal sein werden.

Vielleicht treffen Sie die Frau, die besondere Interessen hat, die aktiv ist oder die, die sich gerne ausruht und nichts tut.

Lassen Sie sich Zeit, all diese Frauen kennenzulernen. Wie sehen sie aus, wie kleiden sie sich, mit was beschäftigen sie sich? Lassen Sie sich erzählen oder zeigen, was sie gerne tun und was sie brauchen, um zufrieden zu sein.

Bedanken Sie sich dafür, dass Sie all diese Anteile Ihres Selbsts jetzt getroffen haben.

Nach einer Weile geht jede in den Bereich des Hauses, in dem sie sich besonders wohlfühlt.

Alle haben ihren Platz in diesem Haus.

Begeben Sie sich nun auf den Rückweg und verlassen Sie Ihr Haus. Sie gehen den Weg zurück, den Sie gekommen sind und wissen, dass Sie jederzeit zurückkehren können, um den verschiedenen Frauen zuzuhören und Ihre Interessen und Vorlieben zu verstehen und Ihre Wünsche in Ihrem realen Leben zu berücksichtigen.

Machen Sie die Rückkehrübung von Seite 192.

Nach dieser Phantasiereise können Sie Ihre Einsichten und Erkenntnisse aufschreiben. Vielleicht konnten Sie entdecken, wie vielfältig und unterschiedlich Sie sind, wie lebendig und bereichernd es sich anfühlt, wenn all diese Seiten in Ihnen sein dürfen.

Lebenskreis-Meditation

Für diese Übung benötigen Sie etwa eine Stunde Zeit. Sie können sie machen, wenn Sie sich selbst und Ihr Leben aus einer anderen Perspektive wahrnehmen und kennenlernen möchten. Und wenn Sie ein Körpergefühl für Ihren Lebensweg kennenlernen möchten. Weiterhin brauchen Sie Ihr Tagebuch, Papier und Stifte zum Aufschreiben und 13 Zettel. Schreiben Sie auf die Zettel die Altersstufen 0,7, 14, 21, 28, 35, 42, 49, 56, 63, 70, 77, 84.
Dies ist ein durchschnittlicher Lebenskreis, er kann kürzer oder länger sein. Unter diese Zahlen oder auf die Rückseite schreiben Sie sich die Jahreszahl auf. In welchem Jahr waren Sie 0, 7, 14, 21 ... Jahre alt.

Legen Sie die Zettel in einen großen Kreis auf den Boden. Machen Sie den Kreis so groß, dass Sie sich zu jedem der Zettel hinsetzen und eine Weile dort verweilen können. Beginnen Sie mit 0, dem Jahr Ihrer Geburt. Legen Sie diesen Zettel an eine Stelle des Kreises, genau gegenüber legen Sie den Zettel mit der Zahl 42, die Zahl 21 liegt in der Mitte zwischen 0 und 42 Die Zahl 63 liegt gegenüber der 21. Und die Zahl 84 liegt neben der 0. Dazwischen werden die anderen Zettel verteilt.

In die Mitte des Kreises stellen Sie eine Kerze oder eine Wasserschale. Räuchern Sie mit der Mischung „Frieden" oder mit einer anderen Mischung, die Ihnen zusagt.

Wenn Sie sich entspannt haben, beginnen Sie diese Meditation bei dem Lebensalter 0, dem Ort Ihrer Geburt. Setzen Sie sich an diesen Platz und spüren Sie mit geschlossenen Augen, wie es sich an diesem Platz anfühlt. Vielleicht tauchen Bilder in Ihrem Inneren auf, wenn Sie sich an dieses Alter erinnern oder es sich vorstellen. Schreiben Sie auf, was Ihnen zu diesem Platz einfällt, wie er sich anfühlt.

Dann gehen Sie weiter zu dem Platz, auf dem das 7. Lebensjahr steht und so weiter, bis Sie zu dem Alter gekommen sind, das Sie heute haben.

Wo befinden Sie sich in Ihrem Lebenskreis? In der Mitte, im ersten oder im letzten Drittel? Gehen Sie dann über Ihr jetziges Alter hinaus, spüren Sie, wie es sich anfühlt, wenn Sie zu Altersstufen kommen, die Sie noch nicht erlebt haben. Was geht an diesen Plätzen in Ihnen vor? Schreiben Sie auf, was in Ihnen geschieht.

Lassen Sie sich, wenn Sie an allen Plätzen waren, genügend Zeit, diese Erfahrung nachklingen zu lassen.

Maxi-Rückzug

Wohin gehe ich? Eine Zukunftsvision

Die Vorbereitung dieser Übung kann sich über einige Tage hinziehen, denn Sie brauchen Zeitschriften oder Kataloge, aus denen Sie Fotos, Worte oder Sätze ausschneiden.
Sammeln Sie alles, was Sie anspricht, was Ihnen gefällt und was Sie sich in Ihrem Leben wünschen.
Achten Sie darauf, dass Sie keine Verneinungen nehmen. Also wenn Sie sich eine harmonische Beziehung wünschen, dann schreiben Sie dies auch auf und schreiben Sie nicht: „Keinen Streit". Unser Unbewusstes kann mit Verneinungen wie „kein" oder „nicht" nichts anfangen, nur das Wort Streit wird aufgenommen und gespeichert.
Dann brauchen Sie noch ein Foto von sich selbst, auf dem Sie sich mögen, einen großen Zeichenblock, eventuell Farben und einen Klebestift, Musik, die Ihnen gut tut, eine Kerze und Räucherwerk, eventuell die Räuchermischung „Erzengel Gabriel".

Eine Collage anfertigen

Ziehen Sie sich für die Übung ein bis zwei Stunden zurück und stellen Sie sicher, dass Sie nicht gestört werden.
Entspannen Sie sich, zünden Sie eine Kerze an, eventuell Räucherwerk, das Sie mögen, legen Sie eine entspannende Musik auf, vielleicht bewegen Sie sich noch eine Weile, bis Sie spüren, dass Sie ganz bei sich sind, und richten Sie Ihre Aufmerksamkeit nach innen.

MEHRERE STUNDEN

235

Wenn Sie spüren, dass Sie zur Ruhe gekommen sind, schneiden Sie die Fotos und Worte oder Sätze aus, die Sie besonders ansprechen oder berühren, die Ihre tiefsten Wünsche oder Sehnsüchte ausdrücken.

Ob es nun das Haus am Meer, eine Weltreise, eine glückliche Beziehung, Kinder, oder Reichtum und Schönheit ist, was Sie anspricht.

Verordnen Sie Ihrem kritischen Verstand eine Sendepause und erlauben Sie sich, alles, was Sie sich im Leben wünschen, auf den Zeichenblock zu legen, zu kleben, zu schreiben oder zu malen. Zensieren und bewerten Sie sich nicht und lassen Sie zu, was Sie spontan, aus dem Bauch heraus, aufs Papier bringen.

Wenn Sie fertig sind mit der Collage Ihrer Wünsche oder Zukunftsvisionen, betrachten Sie das Bild eine Weile und legen Sie es dann weg, damit Sie nicht jeden Tag darauf schauen. Warten Sie mindestens ein halbes Jahr, bis Sie Ihre Collage erneut hervorholen.

Möglicherweise haben sich einige der Wünsche in der Zwischenzeit schon erfüllt.

Kraft in Wandlungszeiten

Diese Übung können Sie machen, wenn Sie spüren, dass Sie loslassen und sich auf eine Wandlung einlassen möchten. Sie müssen nicht wissen, wohin Ihre weitere Reise gehen wird, auch nicht unbedingt, was Sie loslassen und verändern wollen. Manchmal spüren wir beim Durchführen des Rituals, um was es tief im Inneren gerade geht.

Es könnte sein, dass Sie sehr überrascht sind.

Oder Ihnen fällt gar nichts ein, dann vertrauen Sie einfach darauf, dass diese Bewegungsmeditation eine tiefe Wirkung auf Sie haben wird.

Dieses Ritual lehnt sich an alte Weisheitslehren an. Es ist der Gang in die Spirale oder in ein einfaches Labyrinth. Dabei geht es darum, in die Mitte zu gehen und den Umschlagpunkt, die Richtungsänderung, im ganzen Körper zu spüren. Besonders schön ist dieses Ritual zur Winter- oder zur Sommersonnenwende, weil genau zu dieser Zeit jedes Jahr die Sonne, für uns oft unmerklich, ihre Richtung ändert.

In der längsten Nacht im Winter, am 21. Dezember, ändert sich die Richtung des Sonnenlaufs und das Licht nimmt täglich wieder zu. Am längsten Tag im Sommer am 21. Juni ändert sich die Richtung der Sonne und ab da nimmt das Licht täglich wieder ab. (Mehr dazu finden Sie in dem Buch: „Die Reise durch den Jahreskreis".)

Spiralenritual

Sie brauchen für diese Übung ein bis zwei Stunden Zeit. Etwas, mit dem Sie auf dem Boden eine Spirale markieren können. Das kann eine lange Schnur sein oder kleine Steine, wenn Sie die Übung im Haus machen wollen. Draußen können Sie die Spirale in den weichen Boden zeichnen oder mit Holzklötzen, einem Wasserschlauch oder größeren Steinen auf dem Boden markieren.

Eventuell die CD „VerWandlungen" von Arunga Heiden mit dem Text „Spirale" zum Singen und die Räuchermischung „Loslassen"

Ihr Tagebuch oder Farben und Zeichenblock zum Malen.

Markieren Sie eine Spirale auf dem Boden. Sinnvoll ist es, hinein im Uhrzeigersinn zu gehen und heraus gegen den Uhrzeigersinn. Dies bewirkt ein Körpergefühl von Verfestigen und wieder Lösen.

Entspannen Sie sich und gehen Sie dann ganz langsam in die Spirale hinein. Verweilen Sie in der Mitte. Spüren Sie in sich hinein und warten Sie eine Weile, was geschieht. Stellen Sie sich vor, dass Sie alles, was Sie jetzt nicht mehr brauchen, loslassen und abgeben. Sie können eine Geste des Abgebens, Abstreifens machen, bis Sie das Gefühl haben, jetzt mit leeren Händen dazustehen.

Dann gehen Sie wieder ganz langsam nach außen. Lassen Sie sich darauf ein, noch nicht zu wissen, wie es für Sie weitergeht.

Zur Unterstützung können Sie das Lied „Spirale" von Arunga Heiden bei diesem Gang in die Spirale singen:

1. „Im Gehen der Spirale beweg ich mich nach innen und spür mit allen Sinnen ins Zentrum meines Seins.
2. Im Gehen der Spirale entlasse ich das Alte und leg es in die Spalte von Mutter Erdes Schoß.
3. Im Gehen der Spirale erkenne ich das Leben und fange an zu weben was neu entstehen soll."

Singen Sie bitte die 1. Strophe mehrmals, bis Sie im Zentrum angelangt sind. Verweilen Sie in der Mitte und singen Sie dort die 2. Strophe, bis Sie dass Gefühl haben, dass Sie alles, was Sie loslassen wollten, abgegeben haben.
Mit dem Singen der 3. Strophe bewegen Sie sich wieder hinaus aus der Spirale.

Singen Sie jede Strophe sooft Sie es brauchen.
Sitzen Sie danach noch eine Weile still mit geschlossenen Augen und spüren Sie der Bewegung nach, die Sie im ganzen Körper spüren können. Schreiben Sie auf, was Ihnen bei diesem Ritual eingefallen oder aufgefallen ist, oder was Sie gespürt haben.

Die Göttin der Liebe erwecken

Sie brauchen ca. zwei bis drei Stunden Zeit für sich.

Machen Sie diese Übung, wenn Sie Ihre Liebe nicht richtig spüren können oder wenn Sie sich unglücklich und verletzt fühlen. Machen Sie sich bewusst, was Liebe für Sie bedeutet. Erinnern Sie sich, wann Sie sich geliebt gefühlt haben und von wem.

Sie brauchen eine Badewanne, warmes Wasser, rote oder rosa Kerzen und Rosenblätter, Badeöl und Bodylotion. Eventuell ein Duftmischung zum Räuchern „Aphrodite" oder Räucherstäbchen, die Sie mögen.

Weiche Handtücher in Ihren Lieblingsfarben. Musik oder Lieder, die für Sie Schönheit und Liebe ausdrücken. Eventuell Fotos aus Zeitschriften, die für Sie Liebe und Schönheit symbolisieren. Klebstift, Farben und einen Zeichenblock, wenn Sie im Anschluss eine Collage machen wollen, und Ihr Tagebuch.

Als Anregung zum Singen hier zwei Texte von Arunga Heiden aus der CD „WahrNehmen":

1. Wasser, so klar

„Wasser, so klar, so tief und so weit,
berührst meiner Seele Unendlichkeit.
Löst meinen Panzer, löst allen Schmerz,
lebendige Kraft fließt in mein Herz."

2. Schönheit

„In dieser Schönheit werd ich still,
wo alles Denken enden will,
wo tiefe Kraft strömt in mich ein,
voll Dank und Liebe will ich sein."

Singen Sie diese Lieder, wann immer Sie Lust dazu haben.

Trinken Sie ein großes Glas Wasser, räuchern Sie mit einer Duftmischung, z. B. „Aphrodite", oder zünden Sie die Räucherstäbchen an, die Sie mögen. Laden Sie mit den Düften die Göttin der Liebe zu sich ein. Singen Sie ihr ein Lied oder stellen Sie die Musik an, die Ihr Herz berührt.

Lassen Sie Badewasser ein, benutzen Sie Ihr Lieblingsbadeöl, oder streuen Sie rosa oder rote Rosenblätter auf das Wasser. Zünden Sie die Kerzen an, bevor Sie in die Wanne steigen.

Lassen Sie sich ganz viel Zeit, das duftende Wasser und die Farben um sich herum zu genießen. Stellen Sie sich vor, wie das Wasser, die Düfte und die Musik alle Gefühlsblockaden umspülen und auflösen.

Lassen Sie all die Bilder zu, die in Ihnen auftauchen. Vielleicht wird Ihnen zunächst bewusst, was geschehen ist und weshalb Sie Ihr Herz verschlossen haben. Lassen Sie auch die Gefühle von Verletztheit oder Traurigkeit zu und vertrauen Sie darauf, dass Sie weggespült werden.

Sie müssen gar nichts Besonders tun oder leisten, genießen Sie einfach das warme Wasser, den Duft, die angenehme Atmosphäre und vertrauen Sie darauf, dass die Göttin der Liebe mit Ihnen ist.

Atmen Sie in Ihr Herz, stellen Sie sich vor, wie rosarotes Licht beim Einatmen in ihr Herz strömt und beim Ausatmen sich im ganzen Körper verteilt. Nehmen Sie so viel von dem Licht in sich auf, dass Sie erfüllt davon sind. Beim weiteren Atmen breitet sich die sanfte, rosarote Energie wie ein Lichtmantel um sie herum aus.

In diesem Moment schließen Sie sich wieder an an den großen Strom der Liebe, der immer da ist. Öffnen Sie sich für diese Erfahrung und genießen Sie sie.

Nach dem Bad trocknen Sie sich gut ab, cremen Sie Ihren Körper achtsam und zärtlich mit der Bodylotion ein.

Setzen Sie sich vor einen großen Spiegel und schauen Sie sich wirklich in die Augen. Nehmen Sie sich wahr, wie Sie jetzt gerade sind.

Lassen Sie Ihre innere Kritikerin nicht zu Wort kommen.

Schenken Sie sich selbst die Aufmerksamkeit, Achtsamkeit und die Liebe, die Sie brauchen.

Ruhen Sie sich danach aus und schreiben Sie eventuell auf, was Ihnen bei diesem Baderitual begegnet ist.

Malen Sie ein Bild, welches für Sie Liebe und Schönheit ausdrückt. Sie können auch Fotos aus Zeitschriften dafür verwenden und eine Collage der Liebe machen.

Ein Tagesritual gestalten

Hier möchten wir Ihnen eine Anregung geben, wie Sie einen Tag für sich selbst gestalten können.
Nehmen Sie sich einen Tag frei von allen Verpflichtungen.
Entscheiden Sie sich dafür, dass Sie an diesem Tag Ihre gesamte Aufmerksamkeit, Fürsorge und Liebe sich selbst schenken.
Sorgen Sie für eine gute Ernährung und ausreichend Wasser oder Tee und vermeiden Sie bitte Genussmittel wie Kaffee, Alkohol oder Süßigkeiten. Lassen Sie auch das Radio oder den Fernseher, die Tageszeitung und das Telefon links liegen.
Dieser Tag ist nur für Sie und Ihre Reise zu sich selbst reserviert.
Bereiten Sie vor, was Sie für den Tag brauchen: Lebensmittel, die Sie mögen und die Ihnen guttun. Verschiedene Kräuterteesorten zum Ausprobieren.
Weiterhin brauchen Sie Farben und Zeichenblock, Ihr Tagebuch, die CD für die Kundalini-Meditation, Musik zum Tanzen und zum Wohlfühlen, Räucherkräuter, Kerzen und Tarotkarten.
Beginnen Sie mit der Morgenmeditation (Seite 148) und lassen Sie sich viel Zeit, um nach innen zu lauschen. Schreiben Sie auf, was in Ihnen vorgeht, wenn Sie heute etwas Neues und Abenteuerliches ausprobieren.
Genießen Sie ein leichtes Frühstück. Bereiten Sie dann den Raum für die Bewegungsmeditation vor.

Machen Sie die Kundalini-Meditation, um auf einer tiefen Ebene bei sich selbst anzukommen (Seite 222).

Malen Sie im Anschluss daran ein Mandala und lassen Sie sich viel Zeit, der Erfahrung, die Sie gerade gemacht haben, nachzuspüren.

Ruhen Sie sich eine Weile still aus oder hören Sie Musik, die Sie mögen.

Genießen Sie ein leichtes Mittagessen. Wenn Ihnen danach ist, machen Sie einen Mittagsschlaf oder legen Sie sich so hin, dass Sie den Himmel und die Wolken beobachten können.

Danach können Sie hinaus in die Natur gehen, wenn möglich für ein bis zwei Stunden, bei jedem Wetter.

Nehmen Sie die Natur, wie in der Übung auf Seite 71 beschrieben, intensiv wahr. Achten Sie darauf was Ihnen begegnet. Was Sie sehen, hören, riechen, spüren können. Achten Sie auf Ihre Gefühle und Stimmungen. Schreiben Sie auf, was Ihnen begegnet. Auch wenn Sie zwischendrin das Gefühl haben, dass gar nichts Besonderes geschieht, bleiben Sie bei Ihrem Vorhaben und beim Aufschreiben.

Wenn Sie wieder zurück sind, gönnen Sie sich einen warmen Kräutertee.

Zünden Sie eine Kerze an und räuchern Sie, bevor Sie sich mit den Tarotkarten beschäftigen. Machen Sie die Übung auf Seite 99.

Schreiben Sie auf, was Sie bei dieser Übung erfahren haben.
Lassen Sie sich Zeit herauszufinden, was Ihnen jetzt guttut.
Sie können eine Körperübung machen (Seite 105 ff.) oder zu einer Musik, die Ihnen gefällt, tanzen (Seite 181 ff.).
Sie können eine Entspannungsübung und Fantasiereise machen oder sich einfach hinsetzen oder legen und nichts tun.
Genießen Sie die Zeit. Schreiben Sie immer wieder zwischendurch in Ihr Tagebuch, wie Sie sich fühlen, was Sie spüren, denken, was Ihnen bewusst wird an diesem Tag, der nur Ihnen alleine gehört.
Gönnen Sie sich ein gutes Abendessen.
Gehen Sie, wenn es draußen dunkel geworden ist, noch einmal hinaus in die Natur und erleben sie die Dunkelheit. Vielleicht sehen Sie den Mond oder die Sterne. Lassen Sie sich Zeit, der Dunkelheit und der Nacht zu begegnen. Was löst dies in Ihnen aus?
Beschließen Sie den Tag mit der Abendmeditation (Seite 152) und lassen Sie sich Zeit, den Tag noch einmal vor Ihrem inneren Auge ablaufen zu lassen.
Danken Sie sich selbst dafür, dass Sie sich an diesem Tag um sich und um Ihre eigenen Bedürfnisse gekümmert haben.
Was immer Ihnen begegnet ist und was Sie über sich selbst erfahren haben, nehmen Sie es wahr, ernst und an.

Anhang

Quellennachweis

Berendt, Joachim-Ernst: Ich höre – also bin ich. Hör-Übungen. Hör-Gedanken. Freiburg im Breisgau 1989

Borysenko, Joan: Das Buch der Weiblichkeit, Der 7-Jahres-Rhythmus im Leben der Frau. München 1995

Brooks, Charles V.W.: Erleben durch die Sinne. „Sensory Awareness". München 1991

Chu, Victor: Die Kunst erwachsen zu sein. Wie wir uns aus den Fesseln der Kindheit lösen. München 2001

Chu, Victor: Neugeburt einer Familie. Familienstellen in der Gestalttherapie. Wuppertal 2008

Chu, Victor u. de las Heras, Brigitta: Scham und Leidenschaft, Zürich, 1995 (vergriffen, Kopien beim Verfasser erhältlich)

Covey, Stephen R.: Die 7 Wege zur Effektivität. Prinzipien für persönlichen und beruflichen Erfolg. Offenbach 2004

de las Heras, Brigitta: Die Reise durch den Jahreskreis, Darmstadt 2005

Doubrawa, Erhard/Staemmler, Frank-M.: Heilende Beziehungen. Wuppertal 1999

Ferrucci, Piero: Werde was du bist. Selbstverwirklichung durch Psychosynthese. Reinbek bei Hamburg 1986

Fischer-Rizzi, Susanne: Botschaften an den Himmel. München 1996

Francia, Luisa: Der Rest deines Lebens beginnt jetzt. Rituale zur Verzauberung des Alltag. München 2001

Heiden, Arunga: WahrNehmen und VerWandeln – Kraftlieder-Tänze-Texte. Tübingen 2007

Hoffman, Kaye: Play Ecstasy. Durch Bewegung zur Ekstase. Südergellersen 1991

Hühn, Susanne: Was Dir Kraft gibt. Kleine Rituale für das tägliche Glück. Darmstadt 2005

Kabat-Zinn, Jon: Im Alltag Ruhe finden. Meditationen für ein gelassenes Leben. Frankfurt am Main 2007

Keleman, Stanley: Leibhaftes Leben. Wie wir uns über den Körper wahrnehmen und gestalten können. München 1982

Kurtz, Ron: Körperzentrierte Psychotherapie – Die Hakomi-Methode. Essen 1985

Lowen, Alexander und Leslie: Bioenergetik für Jeden: Das vollständige Übungshandbuch. München 1985

Lowen, Alexander: Bio-Energetik. Therapie der Seele durch Arbeit mit dem Körper. Reinbek bei Hamburg 1979

Li Zhi-Chang: Setz dich hin und tue nichts. Das Buch der Entspannung. München 2002

Louden, Jennifer: Zeit für dich, Neue Kräfte schöpfen aus der Stille. Freiburg im Breisgau 1998

Müller, Else: Bewusster Leben durch Autogenes Training und richtiges Atmen, Übungsanleitungen zu Autogenem Training, Atemtraining und meditativen Übungen durch gelenkte Phantasien. Reinbek bei Hamburg 2001

Peck, M. Scott: Der wunderbare Weg, eine neue Psychologie der Liebe und des spirituellen Wachstums. München 2004

Perls, Frederick S.: Gestalt-Therapie, Wiederbelebung des Selbst. Stuttgart 1981

Piontek, Maitreyi D.: Das Tao der Frau. Energiearbeit, Selbstheilung, Sexualität. München 1997

Rebillot, Paul, Kay, Melissa: Die Heldenreise. Ein Abenteuer der kreativen Selbsterfahrung. München 1993

Richter, Kurt F.: Erzählweisen des Körpers. Kreative Gestaltarbeit in Theorie, Beratung, Supervision und Gruppenarbeit. Seelze-Velber 1997

Rosenblatt, Daniel: Gestalttherapie für Einsteiger. Wuppertal 1995

Roth, Gabrielle: Das befreite Herz. Die Lehren einer Großstadtschamanin aus New York. Rituale für Körper, Geist und Seele. München 1990

Sammer, Ulrike: Halten und Loslassen, Die Praxis der Progressiven Muskelentspannung. Düsseldorf und Zürich 2006

Schleeger, Bruno M.: ... und wo ist das Problem ...? Zen-Buddhismus und Gestalttherapie. Wuppertal 2008

Schwäbisch, L./Siems, Martin: Selbstentfaltung durch Meditation. Eine praktische Anleitung. Reinbek bei Hamburg 1983

Siems, Martin: Dein Körper weiß die Antwort. Focusing als Methode der Selbsterfahrung. Hamburg 1987

Simonton, O. Carl: Wieder gesund werden, Eine Anleitung zur Aktivierung der Selbstheilungskräfte für Krebspatienten und ihre Angehörigen. Reinbek bei Hamburg, 2000

Stevens, John O.: Die Kunst der Wahrnehmung. München 1975

Storl, Wolf-Dieter: Heilkräuter und Zauberpflanzen zwischen Haustür und Gartentor. Aarau und Baden 2005

Tulku, Tarthang: Selbstheilung durch Entspannung. Körper- und Atemübungen, Selbstmassage und Meditationstechniken. Bern und München 1988

Watts Alan W.: Weisheit des ungesicherten Weges. Leben in einer Zeit der Angst. München 1994
Ziegler, Gerd.B.: Vision der Freude. Die transformative Kraft der Liebe. München 1992
Zinker, Joseph: Gestalttherapie als kreativer Prozess. Paderborn 1990

Tarotkartendecks

Bridges, Carol: Der Weg der Medizinfrau. Tarot und indianische Weisheit. Neuhausen 1993
Haindl, Herrmann: Der Haindl Tarot. München 1988
Marashinsky, Amy Sophia/Janto, Hrana: Göttinnen-Geflüster. Darmstadt 2000
Pollack, Rachel: Tarot – 78 Stufen der Weisheit. München 1985 (zu den Karten von A.E. Waite: Rider Tarot)
Ziegler, Gerd: Tarot. Spiegel der Seele. Handbuch zum Crowley Tarot. Königsfurt 2002

Räucherkräuter

Räucherkräuter aus dem Schirner-Versandkatalog oder „Aphrodite", „Insel der Seele", „Frieden" „Erzengel Gabriel" und „Loslassen" von Jutta Geisendorf, Versand, Michelstadt im Odenwald

Anhang

Musikempfehlungen

Deuter: Kundalini Meditiation of Osho. New Earth Records 1995
Gawain: The Kali Meditation. Electric Homeland Studio 1993
Gila: Fly like an Eagle. Pan Tao Musik 1993
Heiden, Arunga: www.arunga-heiden.de
    VerWandlungen – Kraftlieder und Mantren,
    WahrNehmen – Kraftlieder und Mantren,
Jabrane, Mohamed Sebnat: Meditation der Himmelsrichtungen. Alifia 2000
Roth, Gabrielle/The Mirrors: Initiation. Raven